100 JAHRE LEBEN

PORTRÄTS UND EINSICHTEN

Herausgegeben von Stefan Schreiber
Fotografien von Andreas Labes

Einleitende Worte von
Giovanni di Lorenzo

Deutsche Verlags-Anstalt

Mit den Augen des Alters

Hundert Jahre alt zu werden – das war immer schon ein Traum vieler Menschen. Allemal wenn diejenigen unter uns, die besonders lange leben, fast immer gesund bleiben und sie, sobald ihre Stunde schlägt, ohne langes Leiden und Siechtum sterben dürfen. Doch nur wenige dieser Menschen weisen, prozentual gesehen, eine besondere Biologie der Langlebigkeit auf, deren Grundlage in erheblicher Weise erblich ist. Bereits mit ihrer Geburt haben diese das Geschenk erhalten, dass sie stabiler als andere altern und das Sterben ihrer Generation lange überleben.

Die Sehnsucht nach einem hochbetagten und gleichwohl gesunden Leben ist nicht erst in der Moderne entstanden, sondern gehört zu einem uralten mythischen Potenzial. Unklar bleibt nur die besondere Essenz, die dieses Phänomen ausmacht. Jenseits ihrer Biologie haben hochbejahrte Menschen einen besonderen Lebenslauf, und sie sind gekennzeichnet von einer außergewöhnlichen Lebenseinstellung. Das lässt sich am besten an ihren Gesichtern ablesen; in ihnen finden wir Spuren unseres kollektiven Gedächtnisses. Die rasante Entwicklung unserer Welt sowie Freude und auch Schmerz haben sich dort tief eingegraben.

Tausende der besonders Langlebigen haben wir in den Forschungsprojekten an der Kieler Universität kennengelernt. Wir untersuchen deren DNA, um spezifische Altersgene zu finden. Doch über alle wissenschaftliche Ambition hinaus haben wir in den Augen dieser Menschen Erstaunliches gesehen. Und wir waren fasziniert davon, in den Gesprächen mit ihnen einen oft mehr als hundert Jahre langen Bogen der Geschichte unseres Landes nachzeichnen zu

Emilie Böning

geboren am 17. 11. 1905
in Beienrode bei Göttingen

Emilie Böning hat ihr ganzes Leben auf dem Bauernhof verbracht. Der Vater war Landwirt. Die ganze Familie musste mithelfen. Viel Geld gab es nicht, man sparte, wo es möglich war. So musste Emilie Böning Butter, Milch und andere Erzeugnisse des Bauernhofes regelmäßig ins 16 Kilometer entfernte Duderstadt bringen. Auf dem Hinweg nahm sie die Kleinbahn, zurück ging sie zu Fuß. »Ich habe immer nur gearbeitet. Den Hof versorgt, das Feld und die Tiere.«

Abwechslung brachten die Schützenfeste in der Region. Dort lernte sie auch ihren späteren Mann Heinrich kennen. 1934 heirateten sie. Emilie Böning brachte drei Kinder zur Welt.

Später lebte sie mit vier Generationen zusammen – mittlerweile hatte sie sechs Enkel und 13 Urenkel – in Potzwenden, knapp zehn Kilometer von ihrem Geburtsort Beienrode entfernt. »Mein Lebensmotto: Zusammenhalten ist wichtig.« Urlaub hat Emilie Böning in ihrem Leben nie gemacht. »Mal eine Tagesfahrt nach Köln und Hamburg. Das war es.«

Willy Häuseler

geboren am 28. 3. 1907
in Berlin

Willy Häuseler lebt seit 50 Jahren in der gleichen Wohnung in Siemensstadt. Dieser Stadtteil im Westen Berlins ist seit den zwanziger Jahren des letzten Jahrhunderts Produktionsstandort der Siemens AG. »Da habe ich 1923 angefangen als Elektromaschinenbauer.« Bis zu seiner Pensionierung 1973 blieb er dem Unternehmen treu. »Die haben mich gebraucht. Ich konnte ja alles reparieren.« Technik fasziniert Willy Häuseler immer noch.
»Mein schönstes Erlebnis hatte ich allerdings in der Natur.« Seine Familie lebte im Havelland vor den Toren Berlins. »Mein Großvater war Schäfer. Einmal wurden zwei Lämmer geboren. Die schliefen zusammengekuschelt mit ihrer Mutter auf der Wiese.« Der zehnjährige Willy Häuseler, gerade zu Besuch beim Großvater und ziemlich erschöpft vom Tag, legte sich dazu und schlief sofort ein. Seinen Kopf weich gebettet auf dem Bauch des Schafes.

Margarete Wolters

geboren am 7. 10. 1905
in Werne an der Lippe

Margarete Wolters' Vater war Pastor und Hauslehrer, die Mutter stammte aus einer wohlhabenden Gutsbesitzerfamilie. Nach der Schule schickten ihre Eltern Margarete für ein Jahr auf ein kirchliches Internat. »Um die Welt mit anderen Begriffen zu erklären.«
1927 heiratete sie Christian-Heinrich Wolters. »Wir lebten und arbeiteten auf dem Gelände der Adam-Bier-Brauerei in Dortmund. Mein Mann verdiente sein Geld mit Brauerei-Artikeln.« Während des Krieges betrieben sie eine Tankstelle auf dem Brauereigelände. »Wir wohnten auch dort. Bis eine Bombe direkt vor unserem Haus einschlug. Zum Glück war es ein Blindgänger. Wir sind dann nachts aufs Land hinausgefahren, um ein wenig Ruhe zu bekommen.«
Nach dem Krieg kam der Aufschwung und mit ihm der Wohlstand für Margarete Wolters und ihren Mann. »Wir sind viel gereist, nachdem wir aufgehört hatten zu arbeiten. Weltreisen mit dem Schiff. Die Eröffnung der Oper in Sydney haben wir miterlebt. Das war ein schönes Erlebnis.« Ein weniger schönes hatte Margarete Wolters auf einem Schiff vor Indien. »Wir hatten eine Havarie und wurden nur gerettet, weil uns ein anderes Schiff in den Hafen geschleppt hat.« Nach dieser Erfahrung beschloss Margarete Wolters, aus ihrem Vermögen eine Stiftung einzurichten. Mit dem Geld soll die Seenotrettung und der Erhalt ihrer Dortmunder Gemeindekirche unterstützt werden. »In dieser Stiftung sollen mein Mann und ich weiterleben.« Sie trägt den Namen Christian-Heinrich und Margarete Wolters-Stiftung.

Adolfine Ladiges

geboren am 1.5.1903
in Uetersen

Adolfine Ladiges hat Sinn für Humor. Als ihre zwei Jahre ältere Schwester mit 105 Jahren zum Geburtstag eine Fahrt in einem Mercedes-Cabrio, Baujahr 1937, geschenkt bekam und mit dem Oldtimer vor dem Altersheim von Adolfine Ladiges vorfuhr, fragte sie: »Oh, hast du ein neues Auto?« Wenn Adolfine Ladiges über ihren Mann spricht, wird sie allerdings traurig. »Wir hatten nur zehn gemeinsame Jahre. Dann hat uns der Krieg auseinandergerissen.« 1931 heiratete sie Julius Ladiges aus Haseldorf im Kreis Pinneberg und zog zu ihm auf den Bauernhof. Die beiden bekamen vier Töchter. Adolfine Ladiges hat sich immer um Haus und Hof gekümmert, auch nachdem ihr Mann 1941 gefallen war. »Ich hatte ein doppeltes Leben. Nach den glücklichen Ehejahren kamen die Jahre der Trauer.« Ihren Humor hat sie jedoch behalten. Mit 91 Jahren gewann sie einen Rundflug in einer kleinen Sportmaschine. »Ich nehme aber nur Leute bis 60 mit«, scherzte der Pilot. »Na, das kommt ja hin«, antwortete Adolfine Ladiges und stieg ein.

Karl Standfest

geboren am 17. 2. 1907
in Berlin

Karl Standfest war Karosserieschlosser. Er arbeitete bei der Firma Rometsch, einem Autobauer aus Berlin, der in den fünfziger Jahren durch spektakuläre Modelle berühmt wurde.
»Wir haben ein Auto gebaut, das im Volksmund die Rometsch-Banane genannt wurde. Das waren Cabrios und Coupés mit einem VW-Käfer-Fahrgestell. Und einer geschwungenen Karosserie. Das war eine Mischung aus Kanu und Banane.« Karl Standfest war stolz, in einer Firma zu arbeiten, die weltweit begehrte Produkte herstellte. »Rometsch hatte Niederlassungen in Zürich und Stockholm. Sogar in Hollywood. Audrey Hepburn und Gregory Peck gehörten zu unseren Kunden.«
Karl Standfest konnte sich die teuren Einzelanfertigungen selbst nicht leisten. Er fuhr nicht Auto, sondern Motorrad. Immer quer durch Berlin. Von seinem Wohnort Prenzlauer Berg im Osten nach Halensee, dem Sitz der Firma Rometsch im Westen der Stadt. »Wir sind an den Wochenenden auch

immer raus aufs Land gefahren. Als meine Tochter Elli geboren wurde, hatten meine Frau und ich dann aber ein Platzproblem.« Das löste der Karosserieschlosser, indem er sich ein Motorrad mit Seitenwagen kaufte.

Rosl Persson

geboren am 29. 2. 1908
in Berlin

Mit 95 Jahren hat Rosl Persson noch Kopfstände gemacht. Darauf ist sie besonders stolz. Sport, Akrobatik und Köperkultur spielen eine wichtige Rolle in ihrem Leben. »Über die Arbeiterbewegung bin ich zum Sport gekommen.« Die Eltern unterstützten den Bewegungsdrang ihres einzigen Kindes. »Wir fuhren oft an die Seen und badeten dort nackt. Das war damals noch verboten.«
In den zwanziger Jahren wurde sie am Institut für Freikörperkultur von Adolf Koch zur Gymnastiklehrerin ausgebildet. »Durch das Nackt-Turnen sollten die Kinder lernen, Respekt zu bekommen vor dem eigenen Körper und dem der anderen.«
Rosl Persson wurde aber keine Lehrerin, sondern Artistin. »Mit meinem Partner zusammen traten wir als ›Geschwister Everest‹ auf. Bis nach Italien hat es uns gezogen – ohne die Sprache zu sprechen.«
Als Rosl Persson fast 60 Jahre alt war, entdeckte sie das Bergsteigen und wagte sich an die anspruchsvollen Routen in den Alpen. »Der Großglockner war mein erster bezwungener Dreitausender. Ihn habe ich insgesamt fünfmal bestiegen.« In den Bergen lernte Rosl Persson auch die Liebe ihres Lebens kennen. »Ich war 66 Jahre alt. Arno war 40 Jahre jünger.« Die beiden blieben 16 Jahre zusammen und unternahmen zahlreiche Reisen und gemeinsame Klettertouren. »Ich war die bessere Bergsteigerin. Arno konnte viel von mir lernen. Auch in der Liebe.« Mit 86 Jahren ist Rosl Persson das letzte Mal auf einen Viertausender gestiegen. »Seitdem mache ich das nur noch in Gedanken.«

Ruth Podlech

geboren am 20.9.1905
in Berlin

Mit 98 Jahren zog Ruth Podlech zurück in ihre Geburtsstadt Berlin. Zuvor hatte sie 50 Jahre in Kiel gelebt, wo sie in einer Lotto-Annahmestelle arbeitete, ohne selbst jemals Lotto gespielt zu haben. »Dazu bin ich viel zu bodenständig.« Eigentlich ist Ruth Podlech gelernte Krankenschwester. Doch nach ihren Erlebnissen als Sanitäterin im Zweiten Weltkrieg, wollte sie nicht mehr in ihrem alten Beruf arbeiten. »Ich habe zu viele Verletzungen und zu viele kranke Menschen gesehen.«

Ruth Podlech hat nie geheiratet und keine Kinder bekommen. »Männer waren einfach knapp nach dem Krieg. Es ist nie der Richtige gekommen, und wenn man dann sein halbes Leben lang alleine war, dann gewöhnt man sich an die Selbstständigkeit.« Reisen war ihre Leidenschaft. »Heute ist das ja ganz anders. Aber damals war das nicht so einfach, nach Skandinavien zu reisen oder ans Mittelmeer.«

In Kiel hat sie die Nähe zum Meer geliebt. Ihre Urlaube verbrachte sie gern an der Nordsee oder in ihrem gemieteten Strandkorb in Laboe an der Kieler Bucht. »Ich habe immer viele schöne Dinge gemacht in meiner Freizeit. Aber ich musste auch hart arbeiten, um mich und meine Mutter über die Runden zu bringen.«

Seit ihrem Umzug nach Berlin interessierte sie sich für Politik und Geschichte und war erstaunt, wenn sie Filme über den Nationalsozialismus sah. »Ich weiß nicht, ob wir damals alle blind waren, aber diese schlimmen Dinge hat man so nicht wahrgenommen.«

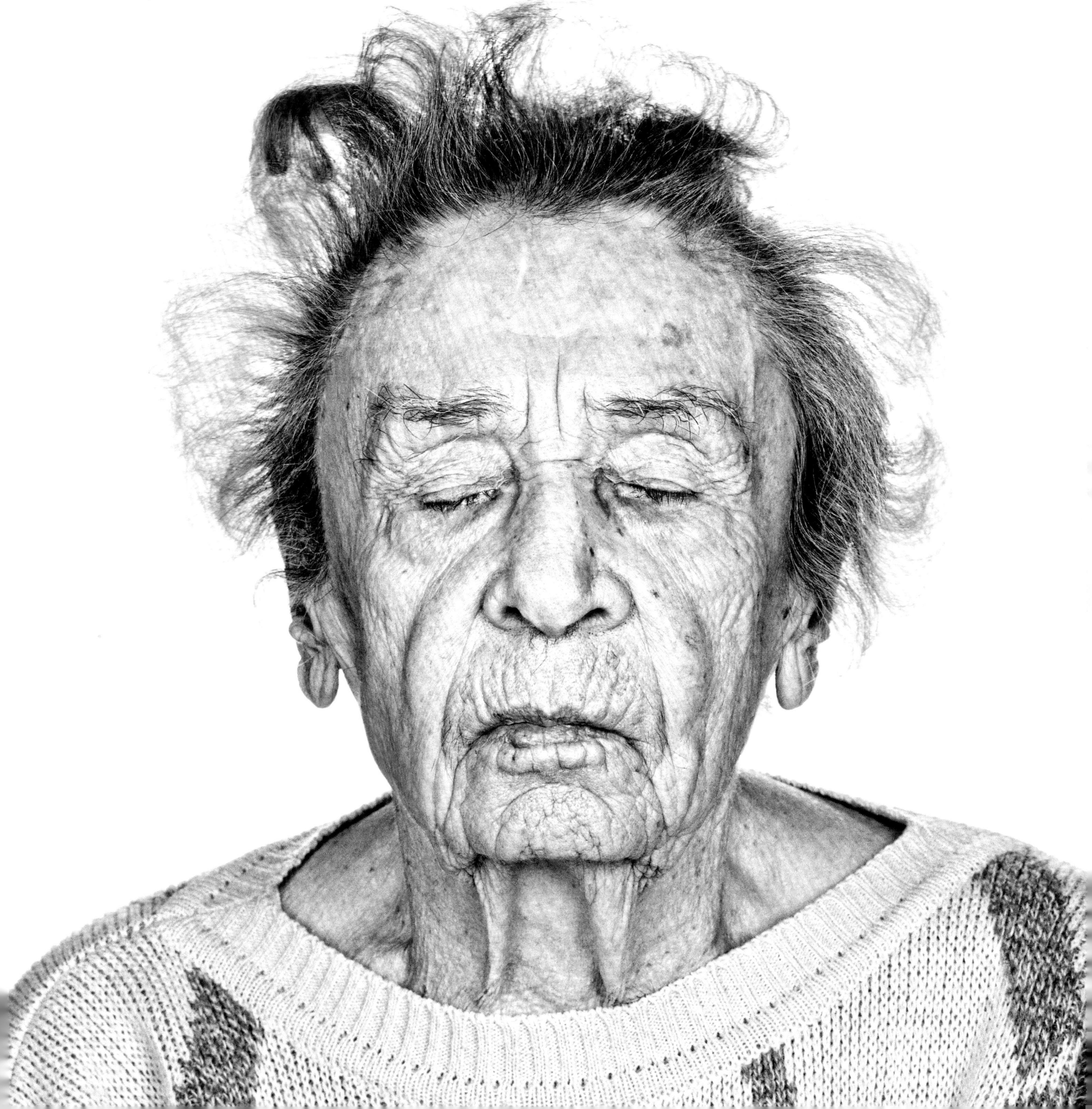

Alfred Buscher

geboren am 1. 12. 1905
in Remscheid

»Friede ernährt, Unfriede verzehrt.« Alfred Buscher mag Lebensweisheiten. »Vor der Hochzeit pflückt man Rosen, nach der Hochzeit stopft man Hosen.« Er spricht aus Erfahrung: Seit 75 Jahren ist er mit seiner Frau Hedwig verheiratet, die er beim Tanzen kennengelernt hatte.

Tanzen ist eine Leidenschaft von Alfred Buscher, das Singen ist die andere. Mit 15 Jahren wurde er Mitglied im Gesangsverein. Es kann passieren, dass Alfred Buscher mitten im Gespräch anfängt zu singen: »Wenn ich ein Glöcklein wär', schön wollt' ich läuten. Glöcklein so rein und fein, hell magst du klingen bis in das Herz hinein.« Die schon brüchige Altersstimme wird dann zum hell klingenden Tenor.

Der Gesang hat ihn auch während der Kriegsgefangenschaft in Italien begleitet. Dort war er Sänger in einem Gefangenenchor. Als sie ihn entlassen wollten, weigerte sich Alfred Buscher zunächst: »Wir hatten doch am nächsten Tag noch einen Auftritt.«

Lili Wilhelm

geboren am 24. 10. 1905
in Ada, Goldküste

Lili Wilhelm ist nie in ihrem Leben mit einem Flugzeug geflogen. Obwohl sie in Afrika geboren wurde und in Südamerika und Europa gelebt hat. Immer nahm sie das Schiff, um von einem zum anderen Kontinent zu gelangen. »Und gerade ich mit meiner Seekrankheit. Ich konnte noch nicht mal Walzer tanzen, ohne dass mir schlecht wurde.« Sogar ihren Namen verdankt sie einem Schiff: Am Tag ihrer Geburt lag im Hafen von Ada an der Goldküste, dem heutigen Ghana, die »Lili Würmann« der Bremer Schifffahrtlinie. Als sie 16 war, zogen ihre Eltern nach Buenos Aires. Dort betrieb der Vater einen Großhandel und schickte die Tochter in einen Malkurs, um ihre »künstlerische Ader zu fördern«. Allerdings entschied sich Lili Wilhelm gegen die Malerei. »Das war doch brotlose Kunst.« Stattdessen kümmerte sie sich um die Buchhaltung der väterlichen Firma. Lili Wilhelm hat nie geheiratet. Sie konnte keine Kinder bekommen. »Und die Männer wollten doch immer Kinder.«

Besonders gern denkt sie an die Schweiz, das Land, in dem sie als Jugendliche aufs Internat ging. »Ich würde gern noch einmal durch Basel spazieren und die Orte der Kindheit besuchen. Das hatte ich mir vorgenommen. Jetzt ist es zu spät.« Lili Wilhelm erblindete mit über 90 Jahren. Wie ihre Mutter, die 81 Jahre alt wurde. »Ich kann das Blindsein nicht mehr ertragen, waren die letzten Worte meiner Mutter. Zwei Tage später ist sie gestorben.«

Angelika Ranner

geboren am 5. 12. 1905
in Rettenbach bei Günzburg

Angelika Ranner ist am gleichen Tag geboren wie Johannes Heesters. Allerdings zwei Jahre später. Deswegen scherzte sie zu ihrem 100. Geburtstag, dass sie doch gern älter werden wolle als der Entertainer. Außerdem sei seine Stimme wohl »ein wenig kratzig«.

Ihren Wunschberuf konnte sie nicht ausüben: »Ich hatte zu dicke Finger für eine Modistin.« Anstatt Hüte zu nähen, begann sie deswegen zu kochen. »Meine Spezialität waren Saucen.« Im Zweiten Weltkrieg war sie Köchin in den Augsburger Messerschmidt-Werken. »Ich habe für 5000 Arbeiter gekocht. Denen hat es immer geschmeckt.« 1944 verlor sie in einer Bombennacht fast ihren gesamten Hausstand. Eines der wenigen Fotos, das noch übrig geblieben ist, zeigt sie stehend an einem Riesenkochtopf. Ob sie noch immer gern kocht? »Ich habe 36 Jahre am Herd gestanden. Das reicht.«

Fritz Koch

geboren am 27.4.1907
in Berlin

Fritz Kochs Leben ist die Malerei. »Ich habe alles gemalt, was ich sah. Von den Blumen bis zur Kriegsruine.« Irgendwann ging es nicht mehr, weil seine Hände zu sehr zitterten. »Meine Augen malen aber weiter. Tag und Nacht, auch ohne Malblock.« Eigentlich wollte er Gärtner werden. Doch die körperlich schwere Arbeit schreckte ihn ab. Fritz' Vater sah das Talent seines Sohnes und ermöglichte ihm eine Ausbildung zum technischen Zeichner. Seine Liebe zu Pflanzen hat er nie verloren. Wann immer er auf Reisen ging, nahm er seinen Zeichenblock mit. So entstanden zahlreiche Landschaftsbilder und Stadtansichten. »Ich habe auf Helgoland gemalt und in New York. Die Twin Towers habe ich noch im Rohbau gesehen.«

Auch während des Zweiten Weltkriegs bleibt er der Malerei treu. In russischer Kriegsgefangenschaft bekam er den Auftrag, ein Lesezimmer auszumalen. »Es gab aber kein Arbeitsmaterial. Die Pinsel habe ich mir selbst gebastelt. Das waren Holzstiele mit den Haaren von Mitgefangenen. Die habe ich mit Büchsenblech zusammengebunden.«

Fritz Koch wuchs im dicht besiedelten Berliner Arbeiterbezirk Wedding auf. Die Natur fand er in seinem Kleingarten. Dort pflanzte und züchtete er und malte, was vor seinen Augen wuchs. Die Gartenlaube war sein Atelier. In ihm verbrachte Fritz Koch viel Zeit. Immer mit viel Respekt vor der Natur und viel Ruhe für seine Arbeit. »Einmal habe ich im Garten gemalt und so lange gebraucht, dass am Ende eine Spinne ihr Netz zwischen meinen Beinen gesponnen hatte.«

Anna Bicker

geboren am 9. 10. 1905
in Gehrden bei Hannover

Seit jeher wollte Anna Bicker Hüte nähen. Gleich nach der Schule machte sie deshalb in Hannover eine Ausbildung zur Modistin. Am schönsten waren die Tage, an denen sie mit ihrer Chefin nach Berlin fahren durfte. Die beiden Frauen flanierten dann über den Kurfürstendamm und schauten in die schicken Modegeschäfte der Hauptstadt. »Das war aber kein Schaufensterbummel, sondern Arbeit.« Denn Anna Bicker war auf der Suche nach den neuesten Kreationen. Später setzte sie sich ins Café, holte ihren Zeichenblock heraus und skizzierte, was sie vorher gesehen hatte. Inspiration und Vorlage für die eigenen Hüte. Bis ins hohe Alter hat Anna Bicker leidenschaftlich gestrickt. Und natürlich hat sie nie in ihrem Leben einen Hut gekauft. Die sind alle selbst gemacht.

Elsa Franke

geboren am 31.7.1905
in Zeitz

Erwin Geschonneck

geboren am 27.12.1906
in Bartenstein, Ostpreußen

Erna Büttel

geboren am 16.5.1905
in Basse-Yutz, Lothringen

Emmi Oltmanns

geboren am 16. 11. 1905
in Oldenburg

Adolf Fenselau

geboren am 22. 9. 1905
in Muldschählen, Ostpreußen

Frieda Pollrich

geboren am 10. 8. 1905
in Döbeln

Gerhard Kurth

geboren am 2.5.1905
in Chemnitz

Gerhard Kurth war 72 Jahre lang verheiratet. 1934 feierte er mit Liselotte in Chemnitz Hochzeit. »Werdet ihr füreinander da sein, in guten wie in schlechten Zeiten?«, fragte der Pfarrer damals. Gerhard Kurth hat ja gesagt und das auch befolgt. Nach dem Geheimnis einer langen Ehe gefragt, sagt er: »Immer zueinanderstehen.«
Die guten Zeiten in Chemnitz begannen mit der Textilfabrik des Großvaters, in der Gerhard Kurth arbeitete. Die Familie kam zu Wohlstand, Liselotte Kurth brachte vier Kinder zur Welt.
Die schlechten Zeiten setzten 1953 ein, als die Spinnerei in einen Volkseigenen Betrieb umgewandelt wurde. Quasi enteignet, entschloss sich die Familie zu fliehen. Über Berlin reisten sie in den Westen der Republik, in eine andere Textilindustrieregion: nach Epe, nahe der deutsch-niederländischen Grenze. Eine eigene Fabrik hat Gerhard Kurth hier nicht mehr aufgebaut. Er arbeitete den Rest seines Berufslebens als Angestellter.

Anna Gerold

geboren am 22. 10. 1905
in Pfenningbach bei Passau

1928 zog Anna Gerold von Nürnberg nach München, um dort als Hausmädchen bei einem älteren Ehepaar zu arbeiten. Es wurden 13 Jahre, die ihre eigene Lebensplanung veränderten. »Sie können uns nicht verlassen«, sagten die beiden alten Menschen, als sie erfuhren, dass Anna einen Mann kennengelernt hatte und heiraten wollte. »Sie müssen bleiben, bis wir gestorben sind.« Und so kam es. 13 Jahre lang waren Anna und Johann Gerold ein Paar, lebten aber nicht zusammen und konnten keine Kinder bekommen, weil sie noch nicht verheiratet waren. »Was sollte ich tun? Ich musste mich doch um meine Herrschaften kümmern. Das waren ja alte Leute.«
1944 heiratete sie dann. Anna Gerold war 40 Jahre alt, als ihr erstes Kind geboren wurde, 43 beim zweiten. Die Familie lebte in München-Giesing, wo ihr Mann ein Fuhrgeschäft betrieb. »Unsere Wohnung war immer offen für alle.« Diese Einladung nahmen vor allem die Kinder des Viertels an. Nach der Schule brachten die Töchter ihre Klassenkameraden mit. Es war immer laut und lebhaft im Hause Gerold. Anna Gerold ertrug es mit Fassung: »Besser die Kinder sind bei uns, als wenn wir nicht wissen, wo sie sich herumtreiben.« Unter den Freunden der Tochter gab es einen Jungen, der vor allem den langen Flur der Wohnung mochte, weil man dort so schön Fußball spielen konnte. »Dass der Franz Talent hatte, das sah man schon.« Aber dass Franz Beckenbauer einmal ein ganz Großer werden würde, das stand noch nicht fest, damals im Flur von Anna Gerold.

Antonia Schroeter

geboren am 20.7.1905
in Erlach am Main

Antonia Schroeter war immer für ihre Familie da. Das jüngste von vier Mädchen wurde von ihrem Vater unterrichtet, der als Lehrer an der Volksschule arbeitete. »Er war sehr streng. Aber ich bin gern zur Schule gegangen.« Eigentlich wollte sie Hauswirtschaftslehrerin werden, doch für ein Studium gab es kein Geld. So machte sie nach der Schule eine Ausbildung in der Sparkasse von Karlstadt am Main. Dort blieb sie zwei Jahre, hörte dann auf zu arbeiten und kümmerte sich um ihre pflegebedürftigen Eltern bis zu deren Tod.

Ein Jahr nach der Hochzeit mit Alfons Schroeter begann der Krieg. Ihr Ehemann erlitt in der Kriegsgefangenschaft einen Nervenzusammenbruch und sollte auf Anraten der Ärzte in eine Heilanstalt eingeliefert werden. »Bei mir wird er am schnellsten gesund«, sagte sich Antonia Schroeter und holte ihren Mann nach Hause. Ein ganzes Jahr lang hat pflegte sie ihn – mit Erfolg. Bis ins Rentenalter konnte ihr Mann wieder arbeiten. »Ich bin zufrieden«, sagt Antonia Schroeter, »ich habe das Leben immer so genommen, wie es ist«.

Kurt Berge

geboren am 19.7.1905
in Tambach-Diethartz

Kurt Berge war lange Zeit der älteste Führerscheinbesitzer von Dresden. Mit 102 Jahren gab er ihn dann 2007 ab. »Ich hätte Schaden nehmen und selber Schaden anrichten können. Das wollte ich nicht.« Sein Leben war bestimmt vom Auto. Der gelernte Stellmacher fand nach Jahren der Walz, die ihn nach Gotha, Frankfurt am Main und Köln führten, bei den berühmten Gläser-Karosseriewerken in Dresden eine Arbeit. 50 Jahre blieb er dem Betrieb treu. »Schöne Autos zu bauen war wunderbar.«

1955, seine Arbeitsstätte hieß mittlerweile VEB Karosseriewerk Dresden, baute er sich sein erstes eigenes Auto, den legendären IFA F8. Hellblau mit braunem Verdeck. »Das größte Problem war damals, einen Tank zu besorgen. Schließlich habe ich dann von einem Kollegen einen verbeulten, zehn Jahre alten bekommen.«

Mit dem eigenen Auto begann er, ein Fahrtenbuch zu führen. Der erste Eintrag lautet: »Einmal rund um Dresden mit der Mutter.« Seitdem hat Kurt Berge jeden Ausflug, jede Reise in sein kleines Büchlein eingetragen. Sehr oft stehen die Alpen drin. »Kein Tal und kein Berg, die wir nicht besucht haben.«

Die automobile Reiselust hält an. Noch immer fährt er einmal in der Woche raus aufs Land. »Aber nicht mehr selbst. Das macht jetzt meine Bekannte. Die ist 30 Jahre jünger als ich.« Doch ganz kann es Kurt Berge nicht lassen mit dem Autofahren. Allerdings sind die Strecken kürzer geworden: Jetzt fährt er nur noch rückwärts aus der Garage heraus.

Martha Füllgraf

geboren am 20. 10. 1904
in Berlin

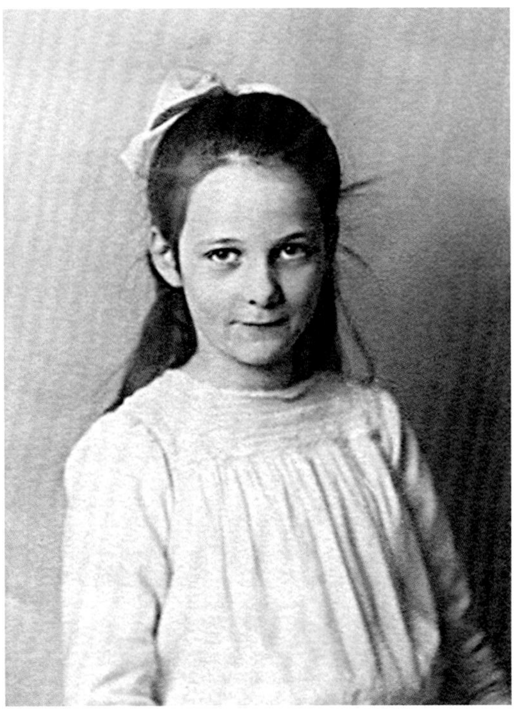

Martha Füllgraf ist leidenschaftliche Turnerin. »1921 bin ich ins ›Schwarze L‹ eingetreten. So nannten wir den Lichterfelder Turnverein.« In Lichterfelde, im Berliner Süden, wurde Martha als dritte von vier Töchtern geboren. Ihr Vater war Lehrer an der dortigen Hauptkadettenanstalt. Im Turnverein traf Martha Füllgraf ihren späteren Mann. »Der war genauso sportlich wie ich. An den Wochenenden sind wir immer mit den Paddelbooten raus auf die Seen gefahren. Das war die schönste Zeit in meinem Leben.«

Der Zweite Weltkrieg zwang Martha Füllgraf und ihre Familie, das geliebte Haus zu verlassen. »Eine Brandbombe hat es teilweise zerstört. Wir sind dann über Marienbad nach Thüringen geflüchtet.« Ihr Mann fiel 1944 in Frankreich. Martha Füllgraf blieb mit vier kleinen Kindern zurück in Münchenbernsdorf, damals ein bedeutendes Zentrum der deutschen Teppichindustrie.

Nach dem Krieg wollte Martha Füllgraf unbedingt nach Berlin zurück. »Ich habe aber keine Zuzugsbescheinigung bekommen. Man musste einen festen Wohnsitz nachweisen, wenn man nach West-Berlin wollte. In unserem Haus wohnten aber mittlerweile andere Menschen.« Martha Füllgraf kämpfte für ihr Recht. »Ich bin nach 1945 einmal im Jahr nach Berlin gefahren, um auf die Ämter zu gehen und die nötigen Bescheinigungen zu besorgen.« Es dauerte elf Jahre, bis Martha Füllgraf Erfolg hatte. Erst 1956 konnte sie wieder in das Haus ihrer Kindheit in Berlin-Lichterfelde einziehen.

Erich Walde

geboren am 1.7.1905
in Halle an der Saale

Erich Walde war sechs Jahre alt, als sein Vater starb. Die Mutter brachte ihn und seine beiden Schwestern mit Heimarbeit durch den Ersten Weltkrieg. Nach der Mittelschule und einer kaufmännischen Lehre arbeitete Erich Walde als Handelsvertreter in Halle, Dortmund, Krefeld, Kiel und Leipzig.
Seine Frau lernte er bei den Wandervögeln kennen. Sie heirateten und blieben 71 Jahre zusammen, bis zum Tod seiner Frau. »Zueinanderstehen und gemeinsam durchs Leben gehen. Das war wichtig.« Auch der Zweite Weltkrieg konnte sie nicht trennen – zumindest nicht lange. Erich Walde wurde eingezogen, schaffte es aber, seine Frau und die beiden Kinder mitzunehmen. »Ich wollte, dass sie in meiner Nähe sind.« Zunächst war er in Schleswig stationiert, dann auf Hela, der Halbinsel in der Danziger Bucht.
Gegen Ende des Krieges wurden sie getrennt. Der Landweg nach Westen war bereits versperrt. Erich Waldes Familie sollte mit einem Schiffskonvoi zurückkehren. Sie fuhren am 30. Januar 1945 los. »Das war derselbe Tag, an dem die ›Wilhelm Gustloff‹ versenkt wurde und 9000 Menschen starben.« Während seine Familie in Sicherheit war, kam Erich Walde in Kriegsgefangenschaft. Nach drei Jahren in Sibirien kehrte er zurück und wurde Neulehrer in Leipzig, später dann Sonderschullehrer. »Meine Frau war das Wichtigste für mich in meinem Leben. Ich habe nie ein anderes Mädchen geküsst.«

Charlotte Königsbrügge

geboren am 1.6.1905
in Vahrenholz an der Weser

»Nimm bloß keinen Mann aus Hohenhausen«, sagte die Mutter zu Charlotte, bevor sie sonntags mit ihren Freundinnen in den Felsenkeller zum Tanz ging. »Die Männer aus Hohenhausen waren in Vahrenholz als leichtfertig verschrien.« Doch dann sprach sie eines Tages ein »braun gebrannter und schwarz gelockter Bursche« an. Er trug den schönen Namen Königsbrügge, hatte am gleichen Tag Geburtstag wie Charlotte – und kam aus Hohenhausen. »Meine Freundinnen wollten immer einen Beamten von der Post kennenlernen. Das war nichts für mich.« 1926 wurde Hochzeit gefeiert. Natürlich im Felsenkeller. Charlotte Königsbrügge bekam drei Kinder und arbeitete in der Gärtnerei ihres Mannes mit.

Während des Krieges mussten zunächst ihr Mann und später der älteste Sohn an die Front. »Beide kamen unversehrt zurück. Dieses Glück hatten nicht alle Menschen.«

Bis ins hohe Alter kümmerte sich Charlotte Königsbrügge um das Haus und die Gärtnerei. Besonders stolz ist sie darauf, ihre gesamte Schulzeit in der ersten Reihe gesessen zu haben. Damals richtete sich die Sitzordnung im Klassenzimmer nach den Noten. Und vorne saßen die Besten.

Anna Fechtner

geboren am 31.10.1905
in Warnsdorf, Böhmen

Die Sudetendeutsche Anna Fechtner denkt oft an ihre Vertreibung. 1946 wurde sie gezwungen, ihre Heimat zu verlassen. »Innerhalb von 30 Minuten mussten wir fertig sein. Jeder durfte nur 50 Kilo Gepäck mitnehmen. Acht Tage lang warteten wir in einem Lager. Es gab nur dünne Suppe. Dann fuhren wir drei Tage und drei Nächte in einem Viehwaggon.« Die Fahrt ging Richtung Westen ins knapp 500 Kilometer entfernte Immenhausen bei Kassel. »Man hat es uns dort nicht leicht gemacht. Vor allem der damalige Bürgermeister konnte mich nicht leiden. Er hat gesagt: Wenn wir Sudentendeutsche nicht gewesen wären, wäre der Krieg nicht gekommen.«

Dennoch ist Anna Fechtner für den Rest ihres Lebens in Immenhausen geblieben – mit ihren Erinnerungen an die Vertreibung. »Immer wenn ich in den folgenden Jahren im Gasthof ›Zum Grünen Baum‹ essen ging, musste ich an Stroh denken.« Denn der »Grüne Baum« war ihre erste Station in der neuen Heimat. Für das Nachtlager der 120 Neuankömmlinge wurde damals der gesamte Gastraum mit Stroh ausgelegt.

Hugo Schwarz

geboren am 5.9.1905
in Kulmsee, Westpreußen

Hugo Schwarz war Bäcker- und Konditormeister. Dazu ein leidenschaftlicher Kaffeehausgänger, dem drei Sachen wichtig waren: »Zeitunglesen, Rauchen und Essen. Am liebsten Frankfurter Kranz«. Gelernt hat Hugo Schwarz in Kulmsee, dem heutigen polnischen Chełmża. Dort eröffnete er auch seine eigene Konditorei. Das Geschäft lief gut in den dreißiger Jahren, dann kam der Krieg und mit ihm die Flucht. Die Familie floh nach Thüringen, wo Hugo Schwarz in einem Sägewerk arbeiten musste. »Keine schöne Arbeit für einen Konditor.« 1956 zog er mit seiner Frau und den vier Kindern nach Hamburg. Dort konnte er wieder in seinem gelernten Beruf arbeiten.
Hugo Schwarz schätzte das regelmäßige Leben: Mittagschlaf, Spazierengehen und natürlich den Frankfurter Kranz im Café. Nach den Erfahrungen der Flucht wollte er zeitlebens selber bestimmen, wo er lebte: Noch mit 88 Jahren zog er freiwillig um, mit 96 ging er dann auf eigenen Wunsch ins Altersheim. Dort fühlte er sich wohl, bis er mit 101 Jahren gegen seinen Willen in einen Neubau des Altersheims umziehen musste.

Hedwig Petraschewsky

geboren am 29. 10. 1905
in Wiese, Ostpreußen

Frieda Schultze

geboren am 6. 8. 1905
in Wilhelmsmark, Westpreußen

Johanna Maria Klein

geboren am 11. 10. 1905
in Oberhausen

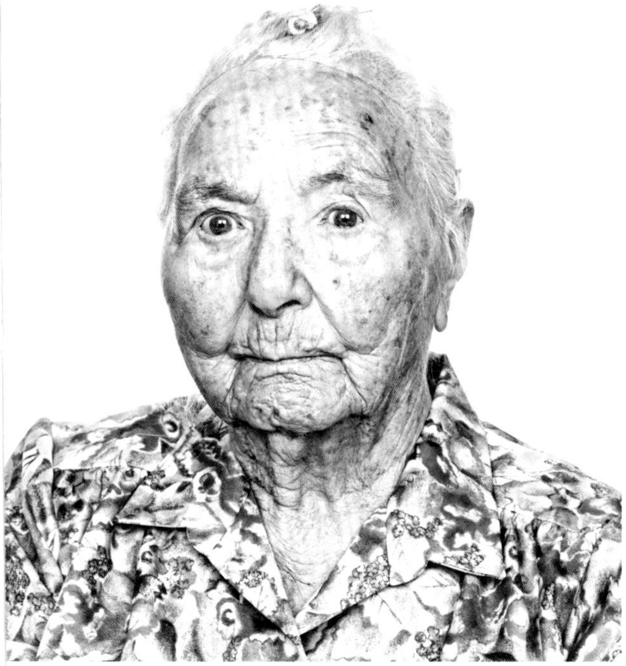

Hildegard Neumann

geboren am 25. 8. 1905
in Sasnow, Westpreußen

Hedwig Unangst

geboren am 5. 6. 1905
in Brehmen bei Tauberbischofsheim

Karl Jordan

geboren am 12. 9. 1905
in Schlewecke bei Hildesheim

Emilie Noack

geboren am 27.8.1905
in Michalin, Ukraine

Emilie Noack hat immer gern gekocht. Am liebsten mit frischen Zutaten aus dem eigenen Garten. »Kartoffeln, Gurken, Himbeeren, Erdbeeren, das haben wir alles gehabt. Daraus kann man tolle Sachen machen.« Einem Unteroffizier namens Ernst Noack schien das Essen von Emilie auch sehr gut geschmeckt zu haben. »Er kam auffällig oft in die Kantine der Kaserne, wo ich als Köchin arbeitete.« 1937 heirateten die beiden und bekamen drei Kinder. Zu der Zeit wohnte die Familie schon in Diez bei Limburg an der Lahn.
Im Ersten Weltkrieg hatte sie ihre ukrainische Heimat verlassen müssen: »Man nahm uns alles weg, auch die Tiere. Dafür bekamen wir als Entschädigung eine Pfaff-Nähmaschine. Aber was sollten wir damit? Wir hatten doch schon eine.«
In Diez hat sich Emilie Noack dann um die Familie gekümmert, hat für Enkel und Urenkel gekocht, bis sie 97 Jahre alt war. Seit drei Jahrzehnten spielt Emilie Noack täglich »Mensch ärgere dich nicht«. Wobei sie genau das nicht befolgt. Die sonst immer fröhliche Frau kann richtig wütend werden, wenn sie verliert.

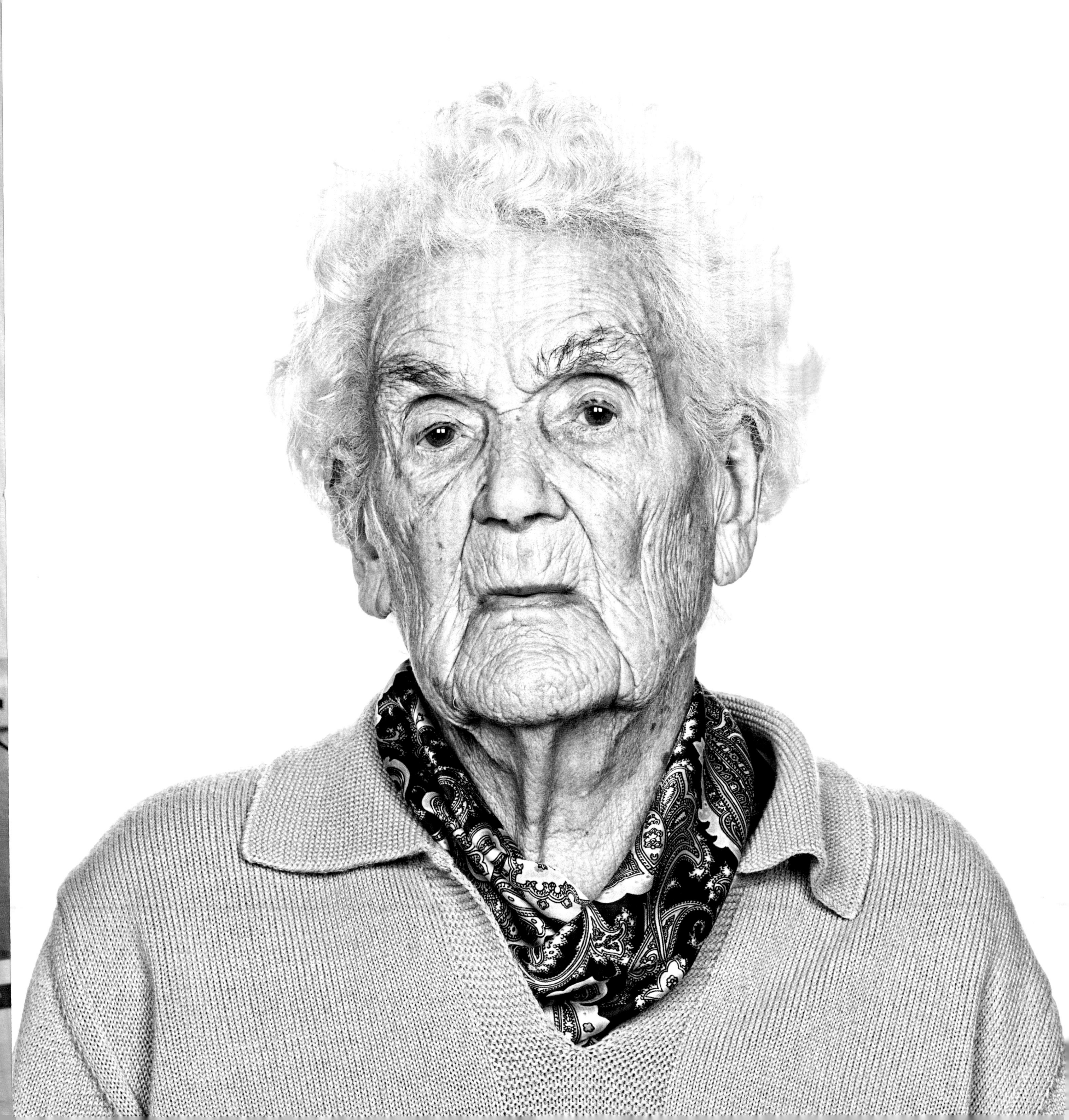

Fritz Sengebusch

geboren am 30. 5. 1905
in Berlin

Fritz Sengebusch ist ein Mensch, dem Worte wie »Hebdrehwähler« leicht über die Lippen gehen: Fritz Sengebusch war Techniker bei der Post. Seine Aufgabe bestand darin, die Handvermittlung von Telefonaten zu automatisieren. Er überwachte die Arbeit der Firmen, die ebenjene Hebdrehwähler in den Vermittlungsstellen installierten. »Damit haben wir das ›Frollein vom Amt‹ ersetzt.« Im Zweiten Weltkrieg musste Fritz Sengebusch nicht an die Front, weil er in einer Spezialvermittlungsstelle arbeitete, die ausschließlich dem Telefonverkehr der Wehrmacht diente. »Nicht eingezogen zu werden war für mich das größte Glück.«
Nach dem Krieg zog Fritz Sengebusch mit seiner Frau und den drei Kindern aus seiner Geburtsstadt Berlin nach Köln. Dort arbeitete er bis zu seiner Pensionierung 1970 für die Post. »Ich habe mich immer engagiert und eingemischt. Auch im Pflegeheim. Dort habe ich durchgesetzt, dass das Haus mit einer Satellitenanlage ausgerüstet wurde. Vorher gab es hier nur drei Fernsehprogramme.« Trotz aller Begeisterung für irdische Technik ist Fritz Sengebusch überzeugt von der Existenz der nicht erklärbaren Dinge. »Nach dem Tod kommen all unsere Seelen zusammen. Ich freue mich auf meine Mutter und meinen Vater.«

Hedwig von Rudorff

geboren am 10.9.1905
in Bremen

1934 reiste Hedwig von Rudorff auf einem Frachtschiff nach China. Sieben Wochen dauerte die Reise nach Peking, wo sie eine Freundin besuchte. Ein ganzes Jahr verbrachte sie inmitten der deutschen Gesellschaft, die sich dort in den dreißiger Jahren zusammengefunden hatte. Es gefiel ihr so gut in China, dass sie fast dort geblieben wäre. »Leider gehöre ich zu den unglücklichen Menschen, die unter Heimweh leiden.«
Also ging es auf dem Seeweg wieder zurück nach Europa, ins nationalsozialistische Deutschland. In Berlin arbeitete Hedwig von Rudorff als Sekretärin in der Spionageabwehr für Wilhelm Canaris, Admiral und Chef der Abwehr. Er wurde 1944 hingerichtet, weil er an der Planung des Attentats vom 20. Juli beteiligt war. Hedwig von Rudorff verbrachte das letzte Kriegsjahr in Spanien. »Ich habe hier für einen Journalisten gezeichnet.«
Zeichnen ist bis heute ihre Leidenschaft geblieben. Gelernt hat sie es auf der renommierten Reimann-Schule in Berlin. »Früher war das Zeichnen neben der Stenografie mein Beruf, heute mache ich das nur noch privat.«

Maria Kuhr

geboren am 27.9.1905
in Koadjuthen, Litauen

Maria Kuhr ist gelernte Säuglingsschwester. Acht Tage nach ihrem Examen verlobte sie sich und wurde Hausfrau. Ihr Mann Ewald machte ihr an der Ostsee einen Antrag. »Bis zum ersten Kuss habe ich ihn noch gesiezt.« Zwischen 1929 und 1940 brachte sie sieben Kinder zur Welt. Und sie folgte ihrem Mann, der als Bibliothekar arbeitete, nach Berlin, Halle, Greifswald und Königsberg.
»Wir hatten ein Motto: Wohnen über unsere Verhältnisse. Leben nach den Verhältnissen. Kleidung unter unseren Verhältnissen.« Es waren die Verhältnisse der Nazizeit, die Maria Kuhr und ihren Mann ins Unglück trieben. »Als Bibliothekar und Mann des Geistes litt er so sehr unter dem Naziterror, dass er sich das Leben genommen hat.«
Maria Kuhr brachte sich und ihre Kinder durch den Krieg. Am Ende wurde sie von Königsberg nach Sachsen evakuiert. »Ich habe kein einziges Mal in meinem Leben den rechten Arm zum Hitlergruß gehoben«, sagt sie und lächelt stolz.

Mathilde Habermann

geboren am 4. 10. 1905
in Wittlage bei Bad Essen

Mathilde Habermanns Vater war Förster. Da er immer wieder versetzt wurde, musste sie elfmal die Schule wechseln. Zusammen mit ihrer Schwester verbrachte Mathilde Habermann viele Jahre im Internat, weil die Försterei der Eltern sehr weit von der nächsten Schule entfernt lag.
Nach Abschluss der Schule bekam Mathilde Habermann eine Stelle als Hauslehrerin in Griechenland angeboten. Sie sprach fließend Englisch, Griechisch und Französisch. Bis Ende der zwanziger Jahre lebte sie bei einer griechischen Familie in Athen. »Das war eine schöne Zeit. Ich lernte den Hauslehrer des griechischen Königs kennen und wurde über ihn sogar einige Male ins Königshaus eingeladen.«
Als sie aus Griechenland nach Deutschland zurückgekehrt war, lernte sie ihren späteren Mann kennen. Er war eigentlich mit einer Freundin von Mathilde verheiratet. Nachdem die Freundin bei einem Unfall tödlich verunglückte, haben die beiden geheiratet. Als Mathilde Habermann 1945 erfuhr, dass ihr Mann verletzt im Kriegslazarett in Luckenwalde lag, machte sie sich sofort auf den Weg. Dabei musste sie durch Gebiete, in denen noch gekämpft wurde. Doch das machte Mathilde Habermann nichts aus, sie wollte unbedingt zu ihrem Mann. Auch im Lazarett war es für Frauen gefährlich, »weil die Männer ja schon lange keine Freude mit Frauen mehr hatten. Aber ich war schon immer eine Kämpferin, und keiner hat sich getraut, mich anzufassen.«

Peter Hodes

geboren am 20.4.1905
in Herstelle an der Weser

Peter Hodes kommt aus einer Stellmacherfamilie. Sein Vater war Stellmacher, er selbst auch und seine Söhne ebenfalls. Die Werkstatt des Vaters befand sich im Wohnhaus der Familie, so dass der junge Peter Hodes, wann immer er konnte, in der Werkstatt saß. Und mithalf.
Ein Erlebnis erzählt Peter Hodes voller Stolz: Wie er 1914 als Neunjähriger alleine nach Kassel fuhr, um für seinen Vater Waren auszuliefern. »Kassel, Wilhelmshöher Allee 46«, das war das Ziel für den Kleinen, der zum ersten Mal mit der Eisenbahn in die 50 Kilometer entfernte Stadt fuhr. »Wilhelmshöher Allee« sagte er auch zu den Trägern am Kasseler Hauptbahnhof. Die wunderten sich zwar über den kleinen Jungen, brachten ihn und die Waren aber sicher ans Ziel. Der neunjährige Peter Hodes hatte seine Aufgabe erfüllt. Nun musste er nur noch nach Hause finden. »Mein Vater hat mir gesagt, dass ich auf keinen Fall den letzten Zug verpassen darf, ansonsten würde ich an diesem Tag nicht mehr nach Herstelle zurückkommen.« Peter Hodes stand zwar wieder rechtzeitig am Kasseler Bahnhof. Doch dort konnte der Junge sich nicht losreißen von den vielen Soldaten, von Polizisten, Uniformen und Pickelhauben. Es war Mobilmachung. »Plötzlich sah ich, wie mein Zug langsam aus dem Bahnhof rollt. Ich fange also zu rennen an und springe im letzten Augenblick noch auf.« Peter Hodes saß im Abteil und hatte seinen ersten Auftrag erfolgreich gemeistert. Die Belohnung gab es am Abend. »Da hat mich der Vater in den Arm genommen.«

Irmgard Wulff

geboren am 17. 9. 1905
in Hamburg-Ottensen

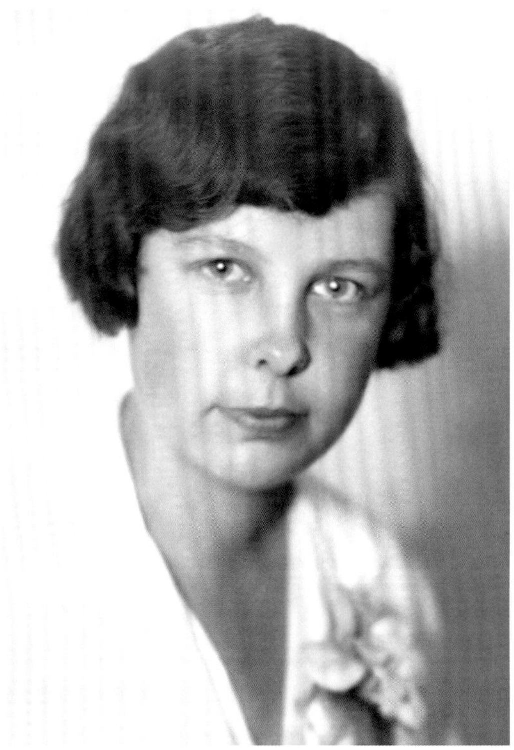

Irmgard Wulff war Sekretärin in einer Dosenmilchfabrik. »Der Chef von Glücksklee war der Vater von Karl Lagerfeld.« Ihr Mann Friedrich, den sie mit 26 Jahren heiratete, arbeitete als Kaufmann in Hamburg. Bis ihr Schwager starb. »Mein Mann musste dessen Bauernhof übernehmen. Da wurde ich Bauersfrau.« Doch Irmgards Mann war nicht für das Landleben geboren. »Er wollte immer alles nur ausrechnen. Er war ja Kaufmann. Die Arbeit mussten andere machen. Außerdem war er kein Frühaufsteher. So musste ich dann morgens die Pferde füttern gehen.«
Ihre Schwiegereltern, die auch auf dem Bauernhof lebten, trauten der Sekretärin aus der Stadt offensichtlich keine Landarbeit zu. »Kühe melken oder Brot backen, das durfte ich alles nicht tun.« Als die Schwiegermutter einige Tage nicht auf dem Hof war, wollte sich Irmgard beweisen und Brot backen. Sie schickte den Knecht zum Mehlholen zur Mühle. »Der hat aber Haferspelze, also die Schalen, in den Sack gefüllt, und ich habe das nicht gemerkt. Was dann aus dem Ofen herauskam war ungenießbar.« Danach hat sie das Brotbacken wieder ihrer Schwiegermutter überlassen.

Josefa Hannes

geboren am 21.9.1905
in Echzt bei Düren

Josefa Hannes hatte einen großen Garten mit Obstbäumen und Erdbeerbeeten. Im Sommer saß sie am liebsten mit ihren Kindern, den Enkeln und Urenkeln an einem großen Tisch und verteilte Kuchen. Jedes Wochenende gab es eine Kaffeetafel mit selbst gemachten Kuchen und Torten. Die Familie war Josefa Hannes wichtig, denn ihre Erinnerung ist von Verlust geprägt. Im Zweiten Weltkrieg war Josefa Hannes gemeinsam mit ihrem Vater und den Kindern auf der Flucht. 1940 verlor sie bei einem Bombenangriff in Bonn ihre damals vierjährige Tochter. Ein Granatsplitter verletzte sie tödlich. »Zeit für Trauer blieb aber nicht.« Sie beerdigten das Mädchen – und flohen weiter Richtung Sachsen. Dort wohnte eine Schwester von Josefa Hannes. Den Rest des Krieges verbrachten sie in Delitzsch.

Nach Kriegsende wollten die Rheinländer zurück in ihre Heimat, was die russische Besatzungsmacht nicht ohne Weiteres zulassen wollte. »Irgendwann kamen wir dann aber raus. Meinen Ehering hatte ich in die Wäsche eingenäht, damit die Russen ihn mir nicht wegnehmen.« Fünf Monate nach Kriegsende erreichten sie und ihre Kinder die Heimatstadt Düren. Normalerweise warteten die Frauen auf ihre Männer, wenn diese aus dem Krieg zurückkehrten. Bei Josefa Hannes war es anders: Als sie mit ihren Kindern nach Hause kam, war ihr Mann bereits da. »Er hatte zur Begrüßung Apfelkompott gekocht.«

Maria Bödigheimer

geboren am 28. 5. 1905
in Waldstetten

»Wir hatten fünf Hektar schlechte Äcker und drei Kühe. Davon haben wir gelebt.« Maria Bödigheimer ist auf dem Land geboren und hat auf dem Land gearbeitet. Zusammen mit ihrem Mann bewirtschaftete sie über 40 Jahre einen kleinen Bauernhof.

In dieser Zeit hat sie fünf Kinder auf die Welt gebracht. Mittlerweile ist die Familie auf 22 Enkel und 13 Urenkel angewachsen. Die große Familie hat dafür gesorgt, dass der Betrieb weitergeführt wurde. Maria Bödigheimer lebte auf dem Bauernhof, bis sie 80 Jahre alt war. Eine Leidenschaft hat sie sich bis ins hohe Alter bewahrt: Sie liest gerne, »am liebsten Liebesromane«.

Frida Sczesinski

geboren am 17. 3. 1907
in Berlin

Willy Walter

geboren am 20. 7. 1905
in Brokau bei Breslau

Wilhelmine Dörfler

geboren am 17. 9. 1905
in Gablonz an der Neiße

Anna-Rosa Bosch

geboren am 13. 11. 1905
in Jungingen

Thekla Steffen

geboren am 2. 2. 1901
in Kiel

Marie Kopetz

geboren 21. 11. 1905
in Brüx, Böhmen

Harald Timm

geboren am 31. 3. 1904
in Buenos Aires

»Der 100. Geburtstag war für mich ganz schlimm«, sagt Harald Timm. »Das war wie Sterben. Ab 101 fängt das Leben dann aber wieder neu an.« So gesehen verbrachte Harald Timm die ersten Jahre seines ersten Lebens in Argentinien und Chile. Sein Vater war Kaufmann und Vertreter der AEG in Südamerika. Als er 1919 starb, erfuhr die Familie, dass der Vater in England eine Lebensversicherung über 2000 Pfund Sterling abgeschlossen hatte. »Das war ein Vermögen damals.« Allerdings hatte die Versicherung das Geld »reparationsbedingt konfisziert«, so dass die Familie nichts ausbezahlt bekam. Zur gleichen Zeit ging auch das Firmenvermögen durch einen Betrug verloren, und Haralds Mutter stand mit ihm und seinem älteren Bruder mittellos in Chile. Sie zogen nach Santiago, wo die Mutter mit geborgtem Geld eine Pension eröffnete. Harald Timm machte eine kaufmännische Lehre, heiratete und arbeitete in der Firma des Schwiegervaters. Die Ehe scheiterte, und Harald Timm entschloss sich 1959, nach Deutschland zu gehen. Ein Jahr später heiratete er erneut und lebte mit seiner zweiten Frau in Hamburg und Mülheim/Ruhr. »Wichtig ist der innere Frieden, den muss man suchen. Wenn man ihn gefunden hat, kann er das Leben verlängern.«

Käthe Lamprecht

geboren am 7.9.1905
in Angerapp, Ostpreußen

Käthe Lamprecht wurde im ostpreußischen Angerapp, dem heutigen Osjork, geboren.
Ihr Vater war Lehrer, hatte zweimal geheiratet und lebte mit seinen neun Kindern im Schulgebäude. Schon früh wusste Käthe Lamprecht, dass auch sie Lehrerin werden wollte.
Doch bis dahin musste sie noch zwei Weltkriege überstehen und zweimal ihre Heimat verlassen. Im Ersten Weltkrieg floh Käthe Lamprecht über Berlin nach Osnabrück. Zwischen den Kriegen kehrte sie nach Ostpreußen zurück und begann ihre Ausbildung als Landwirtschaftliche Lehrerin. 1945 floh sie aus Belgrad, wo sie mittlerweile Schulleiterin geworden war, nach Hamburg. »Ich habe in zwei Weltkriegen vier Brüder verloren. Zwei im Ersten und zwei im Zweiten.«
Ruhe und eine neue Heimat fand Käthe Lamprecht im niedersächsischen Dannenberg. Hier arbeitete sie 20 Jahre lang als Schulleiterin. An einen schönen Augenblick muss sie oft denken. Als sie ihre neue Stelle antrat, nahm sie von Hamburg aus das Schiff und fuhr über die Elbe nach Hitzacker. »Dort standen zwei Kolleginnen am Ufer und warteten auf mich. Das war ein schönes Gefühl: empfangen zu werden und willkommen zu sein.«

Marie Otto

geboren am 4. 3. 1905
in Bochum

Marie Otto hat spät geheiratet, weil sie lange auf einen anderen Mann wartete. »Der Ottmar aus Karlsruhe. Hinter dem waren sie alle her. Der konnte Klavier spielen.« Ottmar war Soldat, und offensichtlich versprach er den Frauen damals mehr, als er bereit war einzuhalten. Auf jeden Fall entschloss sich Marie Otto, den Krieg über auf Ottmar zu warten. Doch der heiratete nach Kriegsende eine andere. »Als ich das hörte, war ich sehr enttäuscht.«
1955 heiratete sie dann den Postbeamten Bruno Otto, der drei Kinder mit in die Ehe brachte. Das hat die gelernte Kinderschwester sehr genossen. 36 Jahre waren die beiden verheiratet. Marie Otto wohnt immer noch in dem Haus, das sie 1955 mit ihrem Mann bezog. Die ganzen Jahre über hat sie sich um die Familie und vor allem um den Garten gekümmert. »Bis zu meinem 100. Geburtstag habe ich noch selber Gemüse angebaut.«

Olga Steurer

geboren am 23.11.1905
in St. Gallen

Olga Steurers Vater handelte mit Baumwolle und hätte es gern gesehen, wenn er einen Schweizer Schwiegersohn für sein Geschäft bekommen hätte. Er wurde enttäuscht. Olga heiratete einen Deutschen, einen Arzt aus Tübingen. Den hatte sie im Skiurlaub in St. Moritz kennengelernt. Bei einem gemeinsamen Ausritt verlobten sie sich. »Vorher ist der Gaul noch mit mir durchgegangen. Otto hat ihn und mich dann wieder eingefangen. Da ist es geschehen.« Nach dem Urlaub schrieb der Verlobte täglich Briefe. Das überzeugte nicht nur Olga, sondern auch ihre Eltern von den ernsthaften Absichten des deutschen Arztes. 1928 heiratete sie Otto Steurer in Tübingen. Da war er mittlerweile Professor und wurde ein Jahr später nach Rostock an die Universität berufen. Olga Steurer folgte ihrem Mann aus dem Süden in den Norden. 16 Jahre blieben beide in Rostock. Kurz vor Kriegsende zogen sie nach Hamburg, wo sie bis zum Tod ihres Mannes lebten. Otto Steurer ist in seinem Geburtsort Freudenstadt im Schwarzwald begraben. Olga will ihrem Mann dorthin folgen. »Die letzte Reise geht vom Norden zurück in den Süden.«

Katharina Weyandt

geboren am 4. 11. 1905
in Oberhausen

Katharina Weyandt hat fast ihr gesamtes Leben in Oberhausen verbracht. Der Vater arbeitete in der Guten Hoffnungshütte, die Mutter kümmerte sich um die vier Mädchen. Katharina war die Zweitälteste. Sie machte nach der Schule eine Ausbildung als Buchhändlerin.
»Schon als Mädchen war ich eine Leseratte.« Ein Lieblingsbuch hat sie aber nicht. »Mir sind sie alle gleich lieb.«
1929 heiratete sie Heinrich Weyandt – einen Sänger, den sie bei einer Chorprobe kennengelernt hatte. Sie bekamen zwei Kinder, um die sich Katharina Weyandt kümmerte. Ihren Beruf gab sie dafür auf, nicht aber das Lesen. Das tat sie ihr ganzes Leben lang trotz der wenigen Zeit, die dafür blieb. »Und das mache ich so lange, wie die Augen noch mitmachen.«

Emma Rieckhoff

geboren am 9. 10. 1905
in Kleve, Holstein

Emma Rieckhoff ist immer perfekt frisiert. Das liegt in der Familie. Das Friseurgeschäft, das sie mit ihrem Mann 1947 in Hamburg eröffnet hat, wird mittlerweile von ihrem Enkel geführt. Die Dauerwelle macht ihr nach wie vor die Tochter.
Dem Friseurhandwerk hat sie es auch zu verdanken, dass sie mit fast 70 Jahren in New York noch einmal in ihre Jugendzeit zurückkehren konnte, als sie 1974 mit ihrem Mann zu einer Friseurweltmeisterschaft in die USA flog. Dort lebte seit ihrer Vertreibung aus Deutschland die Familie Herzberg aus Hamburg. Jene Familie, bei der die damals 17-jährige Emma zehn Jahre lang als Hausmädchen gearbeitet hatte.
In New York kam es 50 Jahre später zu einem Wiedersehen. »Die Herzbergs wohnten in einem Wolkenkratzer mit eigenem Aufzug direkt bis in die Wohnung. Aber die Möbel waren teilweise noch die, die ich von früher kannte.«

Klara Ernst

geboren am 29. 10. 1905
in Berlin

Klara war ein halbes Jahr alt, als ihre Mutter starb. »Ich habe nie gewusst, wie es ist, eine Mutter zu haben.« Zu ihren Stiefmüttern – der Vater heiratete noch zweimal – hatte sie kein gutes Verhältnis.

Mit 14 Jahren ging sie aus Berlin fort, zuerst nach Perleberg und dann auf den Hof eines Bauern in einem kleinen brandenburgischen Dorf. »Ich arbeitete dort als Kindermädchen und Magd.« 1928 heiratete sie den Landwirt Wilhelm Schulz, wurde selbst Bäuerin und bekam zwei Kinder. Doch ihr Mann behandelte sie ähnlich schlecht wie ihr Vater seine Ehefrauen.

Bis zum Kriegsende. Da kam der Soldat Wilhelm Ernst auf dem Rückweg in seine Heimatstadt Frankfurt am Main durch das Dorf. Die beiden verliebten sich, und Klara Ernst nutzte ihre Chance. »In einer Nacht- und Nebelaktion schnappte ich mir die Kinder, packte nur das Nötigste zusammen und ging gemeinsam mit Wilhelm nach Frankfurt.« Dort lebten sie zusammen bis zu seinem Tod 1973.

Robert Meier

geboren am 10. 3. 1897
in Sergejewka, Ukraine

Robert Meier ist Genießer. Seine größte Leidenschaft: Schokolade. »Am liebsten Kaffeeschokolade, Vollmilch oder Marzipan.« Sechs bis sieben Tafeln hat er in der Woche gegessen, ohne schlechtes Gewissen. »Schokolade ist nichts Süßes, das ist ein Grundnahrungsmittel.« Geschadet hat es ihm nicht: Robert Meier war immer gesund. Er wohnt in seiner eigenen Wohnung, in der er regelmäßig Besuch von seinen Nachbarinnen bekommt. »Ich würde ja gerne tanzen. Ich kann noch alle Tänze. Auch Rock 'n' Roll. Aber die Frauen können das nicht mehr.«
Seit dem 100. Geburtstag hat er jeden weiteren groß gefeiert. Auf dem Wunschzettel standen dann regelmäßig Schokoladenspezialitäten. Und die Bauchtanztruppe. Die hatten seine Kinder für ihn engagiert. »Das sind doch tolle Mädels.«
Mit 85 Jahren ist Robert Meier das erste Mal im Flugzeug geflogen. Am Anfang hatte er Angst, dann war er begeistert: »Es ist ein tolles Gefühl in der Luft. Der Flug hätte nur etwas länger sein müssen, ich hab ja das Essen kaum geschafft in der Zeit.« Das Essen ist für ihn natürlich auch ein Grund, weshalb er 109 Jahre alt geworden ist. »Jeden Morgen Haferschleim. Aber ohne Obst. Zu viel Gesundes ist auch nicht gesund.«

Sophie Hammer

geboren am 28. 5. 1905
in Nürnberg

»Der Tod hat immer wieder mein Leben gekreuzt.« Das erste Mal, als Sophie Hammer eine Lehre auf einem Gutshof in der Nähe von Bamberg machte. Dort gab es einen Italiener, der in der Käseproduktion arbeitete und von der Gutsherrin verdächtigt wurde, die Abrechnung gefälscht zu haben. Weil er nicht ertragen konnte, dass er zu Unrecht beschuldigt wurde, hat er sich eine Kugel in den Kopf geschossen. »Ich bin dankbar für jeden Tag, den ich in Gottes Hand legen darf«, sagt Sophie Hammer, wenn sie diese Geschichte erzählt. Ihren späteren Mann – einen Pfarrer – hat sie bei einer Beerdigung kennengelernt. Vier Kinder brachte Sophie Hammer auf die Welt. Ihr Leben ist geprägt von einer tiefen Religiosität. »Es gibt im Leben immer einen Freiraum der Entscheidung. Wenn Gott etwas zulässt, dann ist es in Ordnung.«

Schwester Aline

geboren am 24.9.1905
in Coesfeld

Hans-Joachim Lemme

geboren am 10.8.1905
in Berlin

Luise Haas

geboren am 2.7.1905
in Meisenheim

Lucie Kuhn

geboren am 17. 1. 1903
in Berlin

Karoline Schmidt

geboren am 5. 9. 1905
in Immenhausen bei Kassel

Lotte Andersen

geboren am 5. 8. 1905
in Reichenbach, Ostpreußen

Margarethe Hofmann

geboren am 25. 5. 1901
in Uetersen

Margarethes Vater war Holzhändler in Uetersen. »Er war ein angesehener Mann. Ich hatte drei Geschwister, und wir alle lebten in einem gewissen Wohlstand.« Mit 25 Jahren heiratete sie Fritz Hofmann, den Sohn eines Fabrikbesitzers. »Die Fabrik stand am anderen Ende der Stadt. Da bin ich dann auch hingezogen.« Zwischen 1928 und 1936 bekamen sie drei Kinder.

Der Zweite Weltkrieg beendete das Familienglück: »Mein Mann hat den Krieg zwar überlebt. Aber unsere Fabrik war zerstört.« Im Mai 1948 verkaufte der Schwiegervater von Margarethe Hofmann die Fabrik. Sechs Wochen später kam die Währungsreform. »Die Immobilien waren weg und das alte Geld nichts mehr wert.« Margarethe Hofmann kümmerte sich um die Familie und verdiente den Lebensunterhalt zuerst mit einem kleinen Kaffeehandel und später als Angestellte in einer Reinigung. Die Zeiten des Wohlstands waren vorbei. »Ich habe mich nie beklagt. Man muss anpacken und die Dinge in die Hand nehmen.« Und man muss wissen, was man will: zum 100. Geburtstag etwa eine Fahrt in der offenen Kutsche durch ihre Heimatstadt. »Wenn Sie 105 Jahre alt sind, machen wir noch mal etwas Besonderes, haben die Gratulanten am Ende zu mir gesagt.« Als es so weit war, hat sich Margarethe Hofmann eine Fahrt in einem historischen Mercedes-Cabrio gewünscht. Damit hat sie ihre zwei Jahre jüngere Schwester Adolfine besucht. Und sich gefreut, dass diese sichtlich überrascht war.

Maria Glaubitz

geboren am 14.6.1905
in Odenkirchen

Dem Turnverein Odenkirchen hält Maria Glaubitz nach wie vor die Treue. Ihre Mitgliedschaft dauert mittlerweile fast 90 Jahre. Mit 14 begann sie das Turnen und noch immer zeigt sie stolz eine Siegerurkunde aus dem Jahr 1928: Deutsches Sportfest in Köln. »Ich war die einzige Siegerin aus dem Gau Gladbach.« Das machte nicht nur die Eltern stolz, die zusammen ein Friseurgeschäft betrieben, sondern auch Therese, das Kindermädchen von Maria. »Das war eine Perle, die Therese. Die hat mich verwöhnt.« Anstatt wie ihre Eltern das Friseurhandwerk zu lernen, wollte Maria das können, was Therese konnte: Kochen und den Haushalt führen.
Im Sportverein lernte sie ihren ersten Mann kennen. Sie heiratete Peter Glaubitz 1936 und brachte eine Tochter zur Welt. Dann kam der Krieg, und ihr Mann wurde eingezogen. 1945, vier Tage vor Kriegsende, wurde er in der Tschechoslowakei erschossen.
Maria Glaubitz heiratete noch einmal. »Mit meinem zweiten Mann war ich viel unterwegs auf Reisen. Wir haben viel Sport getrieben. Ich lag nie auf der faulen Haut.« Zweimal im Jahr fuhr Maria Glaubitz nach Gran Canaria – bis sie 99 wurde. Jetzt reist sie nicht mehr. Aber manchmal geht sie noch durch Odenkirchen. »Ich suche dann nach alten Bekannten von früher. Aber es sind keine mehr da. Ich bin die Letzte.«

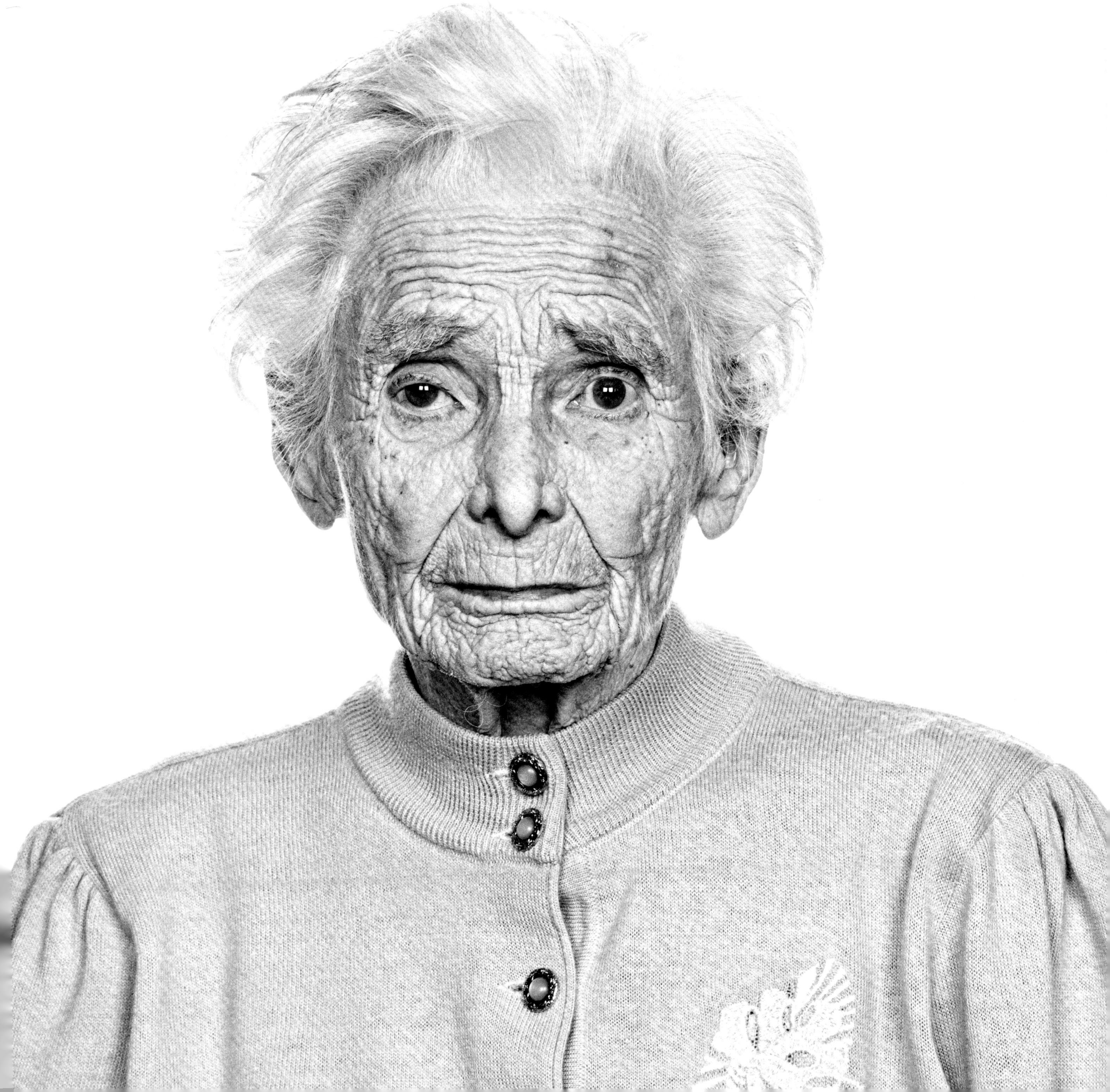

Schwester Maria Avita

geboren am 10.9.1905
in Klein Förste bei Hildesheim

Gertrud Algermissen tanzte für ihr Leben gern. Auf einem Ball, mit etwa 19 Jahren, lernte sie einen Mann kennen, tanzte mit ihm und sagte am Schluss: »Aus uns beiden wird nichts. Ich gehe ins Kloster.«
Schon mit 14 Jahren wusste sie, dass sie Ordensschwester werden würde. Obwohl es eigentlich schon viel früher feststand, denn Gertrud Algermissens Geburt war schwer, und ihre Mutter sagte damals: »Wenn ich überlebe, dann weihe ich dieses Kind der Mutter Gottes.« Und so kam es: 1926 trat Gertrud Algermissen in den Orden der Vinzentinerinnen in Hildesheim ein.
Nach über 80 Jahren im Kloster sagt sie: »Ich habe keine einzige Sekunde bereut.« Als Schwester Avita brachte sie in der Anfangszeit unzähligen jungen Frauen das Nähen bei. Das Schneiderhandwerk hatte sie gelernt, als sie noch Gertrud Algermissen hieß. »Beim Schneidern muss man ordentlich, akkurat und gewissenhaft arbeiten.« Genauso wird Schwester Avita von ihren Mitmenschen beschrieben: akkurat und gewissenhaft. Hinzu kommt die Wärme, die sie umgibt. »So ist es oft bei Menschen, die ihr Leben in den Dienst Gottes gestellt haben.« Gertrud Algermissen tanzte für ihr Leben gern. Ob sie das als Schwester Avita hinter den Klostermauern auch noch gemacht hat, bleibt ihr Geheimnis.

Elsbeth Friesen

geboren am 10.9.1905
in Berlin

Für Elsbeth Friesen war Nähen ein Traumberuf. Wann immer es ging, arbeitete sie bei ihren Tanten in der Konfektionsschneiderei. In ihrer Teenagerzeit ging das nur alle halbe Jahre, denn die restliche Zeit lebte sie mit den Eltern auf dem Land. In der Nähe von Berlin hatten sie ein Haus gekauft und »tüchtig Landwirtschaft gemacht mit Erdbeerfeldern und 300 Kirschbäumen«.
Doch irgendwann merkte die Mutter von Elsbeth Friesen, dass die Provinz kein gutes Pflaster für ihre Tochter war: »Sie kriegt hier keinen anständigen Mann.« So zog die Familie wieder in die Stadt, in das Berlin der zwanziger Jahre. Hier begegnete Elsbeth dann prompt ihrem Mann fürs Leben. Sie heirateten 1933 und blieben bis zum Mauerbau in der Stadt. 1961 zog Elsbeth Friesen mit ihrer Familie nach Altenkirchen in den Westerwald. Ihr Mann und ihr Sohn – beide Bauingenieure – hatten dort eine Straßenbaufirma gekauft. Doch nur zwei Jahre später endete der Traum vom Neuanfang: Im Februar 1963 verunglückte zuerst der Sohn tödlich, im Mai starb Elsbeth Friesens Mann.
Heute denkt sie oft an ihre Schulzeit und an die Gedichte, die sie dort auswendig gelernt hat. »Ich sitze dann hier im Sessel und versuche mich zu erinnern. Fehlt ein Wort oder eine Strophe, knoble ich so lange, bis ich das Gedicht zusammenhabe.«

Rosa Eichner

geboren am 11.8.1905
in Rotthalmünster

Rosa Eichner war zwölf Jahre alt, als sie Hausmädchen wurde. Obwohl sie viel arbeiten musste, ging sie in die Sonntagsschule und lernte Englisch und Stenografie. Nach der Schule bekam sie eine Anstellung bei einem Kunstmaler und arbeitete in dessen Haus am Ammersee. Manchmal begleitete sie ihn auch nach München in seine Zweitwohnung und half dort aus.

Bei einem dieser Aufenthalte traf sie ihren späteren Mann, der schwer verletzt aus dem Ersten Weltkrieg zurückgekommen war. Schon damals war klar, dass er nie wieder richtig gesund werden würde, doch Anton Eichner war ein lebensfroher Mensch. Er hat trotz seiner Kriegsverletzung den Konditorberuf gelernt. »Zu Hause übernahm immer er das Kommando in der Küche.« Und Rosa Eichner hatte eine Leidenschaft für Torten und Pralinen. »Wenn er wieder neue Kreationen auf den Tisch stellte, haben wir darüber gerätselt, welche Zutaten Anton dieses Mal wohl verwendet hat.« Auch nach ihrer Hochzeit arbeitete Rosa weiter, zunächst als Haushalts- und Küchenhilfe. Im

Rentenalter haben Rosa Eichner und ihr Mann dann das Reisen entdeckt. Sie fuhren oft mit dem Zug quer durch Europa.

Zu ihrem 95. Geburtstag wünschte sich die leidenschaftliche Bergwanderin Rosa Eichner einen Ausflug: Sie wollte mit ihrer Familie den Lusen besteigen. Das war einer der wenigen Gipfel im Bayerischen Wald, den sie noch nicht erklommen hatte. »Alle waren erstaunt, wie gut ich den Berg hochgekommen bin.«

Wilhelm Reuter

geboren am 5. 11. 1905
in Gustavsburg

Wilhelm Reuter ist in Gustavsburg bei Mainz geboren. Sein ganzes Leben hat er dort verbracht, nur zwei Jahre während des Krieges war er weg aus seiner Heimatstadt. Nach der Schule machte Wilhelm Reuter eine Ausbildung als kaufmännischer Angestellter. Mit 19 Jahren bekam er einen Arbeitsplatz in der Mainzer Aktienbrauerei. 46 Jahre lang, von 1924 bis 1970, hat er dort gearbeitet. In den ersten Jahren fuhr er das Bier mit aus, später war er in der Verwaltung der Brauerei tätig. Sein Beruf hat ihm viel Spaß gemacht. Jedes Jahr erhielt er von der Brauerei eine Kiste Bier zum Geburtstag und eine zu Weihnachten. »In den letzten 20 Jahren haben die zwei Kisten das ganze Jahr über gereicht. Ich hab ja nicht viel getrunken.«
Auch privat hat Wilhelm Reuter Buch geführt. Jeden Tag schrieb er in seinen Kalender, was er und seine Familie gemacht haben. Außerdem hat er jede einzelne Geldausgabe aufgelistet. Schreiben und Verwalten waren seine Hobbys.
Bis zum Schluss hat Wilhelm Reuter das Tagesgeschehen verfolgt und viel gelesen – nur vom Krieg wollte er nichts mehr hören oder sehen. Über seine Erinnerungen als Brückensprenger in Rumänien hat er nie gesprochen. Auch nicht über den Inhalt der 120 Briefe, die er seiner Frau in dieser Zeit geschickt hat. Wenn es im Fernsehen um den Krieg ging, schaltete er ab. »Ich habe bis an mein Lebensende genug grausamen Krieg erlebt. Ich brauch mir das nicht auch noch im Fernsehen anzuschauen.«

Johanna Wächtler

geboren am 22.4.1905
in Graupa bei Pirna

Schon als Mädchen träumte Johanna Wächtler von einem eigenen Hotel. Seit ihrem zwölften Lebensjahr hat sie gearbeitet, zuerst als Hausmädchen, dann als Kellnerin in einer Gastwirtschaft. In einem Hotel lernte sie ihren Mann kennen. »Der war Kaufmann. Mit ihm habe ich lange Jahre in wilder Ehe gelebt.«
Die beiden zogen nach Dresden, wo sie eine Familie gründeten, was Johanna Wächtler nicht davon abhielt, am Wochenende wieder in einer Gastwirtschaft zu arbeiten. 1943 wurde ihr Mann eingezogen und kam nie mehr aus dem Krieg zurück. »Die besten Jahre meines Lebens hatte ich mit meinem Mann. Wir haben uns so sehr geliebt. Das war damals durchaus nicht üblich.« In den sechziger Jahren kam sie in eine Firma, die Rasterblenden für Röntgengeräte herstellte. Johanna Wächtler arbeitete dort völlig ungeschützt, so dass sie einen schweren Leberschaden bekam. Sie war verzweifelt, weil sie dachte, sie dürfe nie mehr arbeiten. Das aber wollte sie unbedingt. Nachdem sie genesen war, fand sie wieder eine Stelle in einer Gastwirtschaft. »Ich war Kaltmamsell und hab immer alles im Kopf ausgerechnet. Da haben die Leute gestaunt. Das kann ja heute keine Kellnerin mehr, und das in meinem Alter.«
Johanna Wächtler hat gearbeitet, bis sie 79 Jahre alt war. Zuletzt in der Küche eines Restaurants. Den Traum vom eigenen Hotel hat sie lange geträumt. »Leider ging er nicht in Erfüllung.«

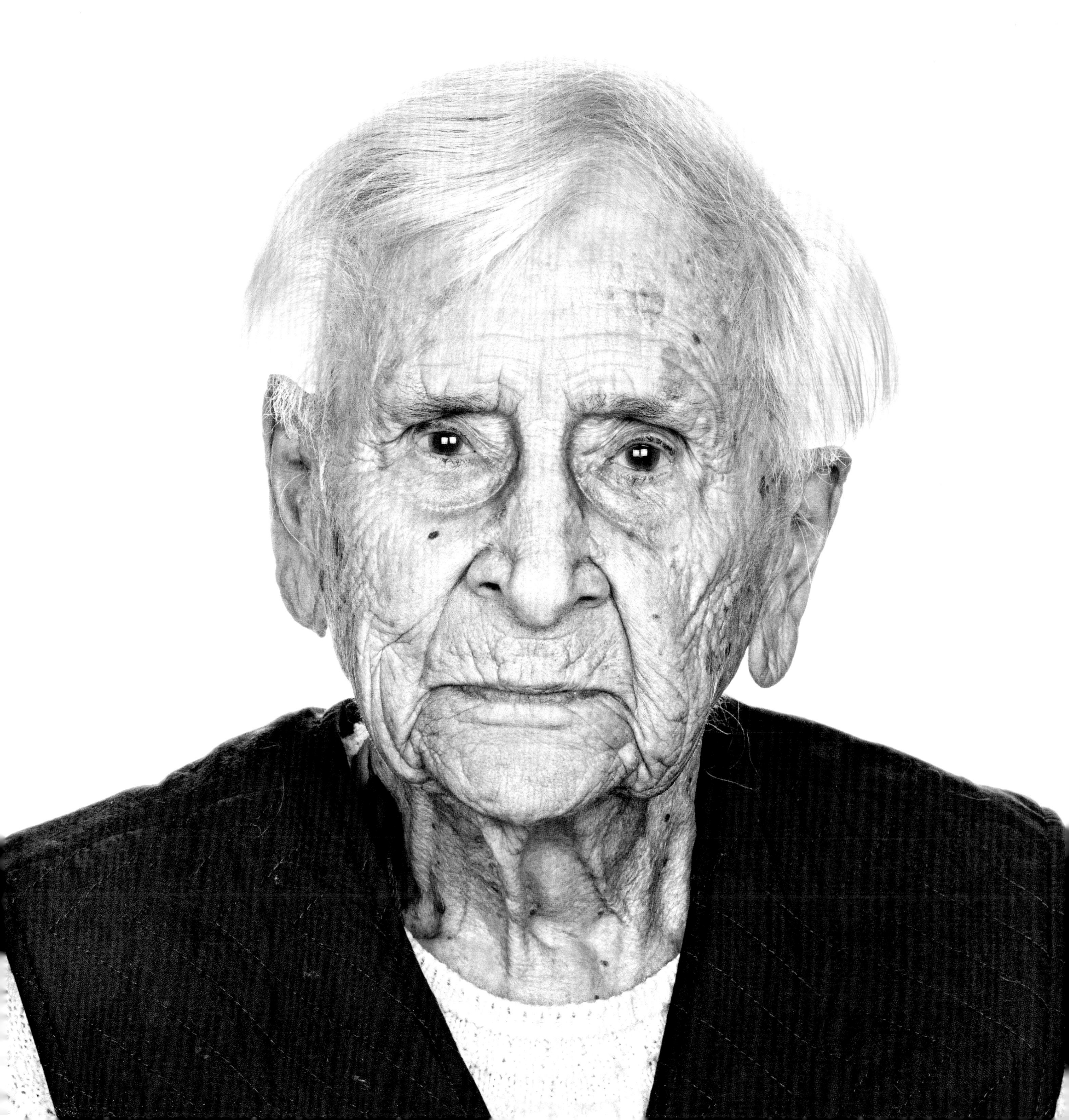

Werner Witte

geboren am 24.8.1905
in Altgurkowschbruch, Pommern

Werner Witte war auch mit über 100 Jahren noch Förster mit Leib und Seele. Als solcher hatte er gelernt, dass man am Sonntag seine Ausgehuniform anzieht. Perfekt gekleidet mit Krawatte und Grandelnadel, sitzt er dann auf seinem Balkon, raucht Zigarre und genießt den Blick in die Natur. »Der Wald war alles für mich.«
1929 heiratete Werner Witte seine Verlobte Helene Maternus, eine ausgebildete Konzertpianistin, und zog mit ihr nach Mönkebude am Stettiner Haff. »Ich habe sie mit in den Wald genommen.« Seitdem stand immer ein Konzertflügel im Forsthaus der Familie Witte. Doch der Förster konnte nur wenig mit der Musik anfangen. Wenn der Lehrer und der Pfarrer zur Hausmusik kamen, ging Werner Witte in den Wald. Er hat auch nicht die Konzerte besucht, die seine Frau gegeben hat. Er zog es vor, im Auto vor dem Konzerthaus auf sie zu warten.
Zwei Dinge beschäftigen ihn immer noch: der Verlust seiner Jagdtrophäen und das spurlose Verschwinden seiner wertvollen Jagdwaffen unmittelbar nach dem Zweiten Weltkrieg. Während die Geweihe aus dem Forsthaus geplündert wurden, hatte Werner Witte seine Waffen vorsichtshalber in einer Kiste im Wald versteckt. Als er diese einige Zeit später wieder ausgrub, war sie leer.
Seine Ausgehuniform aber hat er über all die Jahre retten können. Nicht nur, dass Werner Witte sie jeden Sonntag trägt – »Mit ihr will ich begraben werden.«

Wilhelm Schneider

geboren am 15. 10. 1905
in Köln

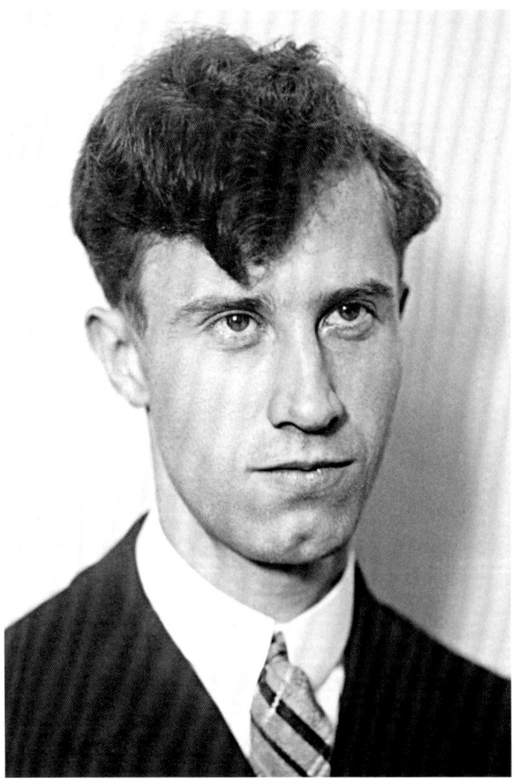

Mit 18 Jahren trat Wilhelm Schneider der Freiwilligen Feuerwehr in Köln bei und ist mittlerweile das dienstälteste Mitglied. »Jetzt aber eher passiv.« Der gelernte Dreher arbeitete in den Ford-Autowerken. Genauso wie seine spätere Frau, eine Österreicherin, die er 1943 heiratete und mit der er 50 Jahre später Goldene Hochzeit feiern konnte. »Wir hatten eine friedliche und ruhige Ehe. Streit gab es nie zwischen uns.«
Bis er 95 Jahre alt war, ist er immer regelmäßig von seinem Wohnort Pulheim mit der Bahn nach Köln gefahren – zum Spazierengehen. »Das geht jetzt nicht mehr so gut.« Wilhelm Schneider nimmt das Alter mit rheinischer Gelassenheit. »Ich bin schön alt geworden. Wie das geht? Viel Gartenarbeit und immer frisches Obst essen.« Auch die kleinen Einschränkungen, die das Alter mit sich bringt, nimmt er mit Humor. »Ich lese noch Zeitung. Das Problem ist nur: Wenn ich hinten angekommen bin, weiß ich nicht mehr, was vorne stand.«

Martha Müller

geboren am 25.8.1905
in Kühren, Holstein

Martha Müller muss sich selber loben. »Ich war immer die Artigste von meinen Geschwistern. Und bei meinem Vater war ich die Beliebteste.« Dem Vater zu widersprechen wäre ihr nie in den Sinn gekommen. Auch nicht, als er ihr den Besuch einer weiterführenden Schule verbot. »Du heiratest einen Bauern, und dann kannst du mit der Kuh französisch sprechen«, sagte der Vater zu ihr. Martha empfand das als ungerecht. »Aber wir haben uns gar nicht getraut, etwas dagegen zu sagen. Dazu hatten wir viel zu viel Respekt.«
Geheiratet hat Martha dann aber nicht einen Bauern, sondern einen Buchdrucker aus Kiel. »Das hat mir imponiert auf dem Dorf. Dass da einer aus der Stadt kam. Ewald war der einzige Ehemann weit und breit, der tun und lassen konnte, was er wollte.« Ihre Ehe blieb kinderlos. Martha tröstete sich mit den Worten: »Wir haben uns, und das ist das Wichtigste.«

Helene Neuenhofen

geboren am 9.8.1905
in Hagen

Helene Neuenhofen hatte zehn Geschwister. Der Vater betrieb ein Textilgeschäft, in dem sie nach der Schule mithelfen musste. »An eine Ausbildung war nicht zu denken. Wir arbeiteten alle im Laden.« Wegen der vielen jungen Frauen wurde das Textilgeschäft ein beliebter Anlaufpunkt für die Männer der Umgebung. »Die kamen oft nur vorbei, um uns Mädchen zu sehen.«
Bei einem solchen Besuch lernte sie ihren späteren Mann kennen. »Als ich Harry das erste Mal sah, habe ich zu meinen Schwestern gesagt: ›Den langen Schlanken, den kriege ich‹.« Und so kam es: 1931 heirateten sie in Borghorst im Münsterland. Ihr Mann war Tuch- und Futterstoffgroßhändler. Gemeinsam betrieben sie in den folgenden Jahren das Geschäft. »Ich habe ihn immer modisch beraten. Vor allem für die Trends der nächsten Saison hatte ich ein gutes Gespür.«
Im Zweiten Weltkrieg kümmerte sich Helene Neuenhofen um die Familie, das Haus und das Geschäft.

»Das war viel Arbeit. Aber wenn man mit zehn Geschwistern in einem Geschäftshaus aufwächst, dann stählt dieser Trubel und macht fit bis ins hohe Alter.« So fit, dass sie noch mit 90 Jahren aufs Fahrrad stieg. »Das hat man mir dann ›aus Gründen der Verkehrssicherheit‹ verboten. Da war ich richtig beleidigt.«

Mary Splettstösser

geboren am 4.6.1905
in Sankt Petersburg

Mary Splettstössers Kindheit endete am 25. Oktober 1917 mit einem Schuss. Abgefeuert vom Panzerkreuzer »Aurora« im Hafen von Sankt Petersburg – das akustische Fanal für die Russische Revolution. Sie hörte den Schuss mit ihren zwölf Jahren und ahnte noch nicht, dass es das Ende einer Zeit sein sollte, von der sie sagt, dass sie die schönste in ihrem Leben gewesen sei. »Das Paradies auf Erden.«

Mary Splettstösser war die Tochter wohlhabender Eltern. Ihr Vater handelte mit Kaviar und Pelzen. Die Familie war Teil der deutschen Gesellschaft in Sankt Petersburg, und Mary Splettstösser genoss die großen und kleinen Privilegien des Bürgertums.

Zur Schule ging sie am noblen Newski Prospekt. Dort erlebte sie auch die Schrecken der Revolution. »Auf den Dächern lagen die Flintenweiber und schossen auf alles, was sich unten auf den Straßen bewegte.« Auch auf Schulkinder. Auch auf Mary Splettstösser. Wenn ihr Vater sie von der Schule abholte, warteten sie auf eine Feuerpause, dann rannten sie über den breiten Newski Prospekt. »Wir sind immer wie die Wanzen nach Hause gegangen. Immer dicht an der Hauswand entlang, um nicht von einer Gewehrkugel getroffen zu werden.« Angst, sagt Mary Splettstösser, habe sie nur um ihren Vater gehabt. »Wenn ihm etwas passiert wäre, dann gnade uns Gott.«

Mary Splettstösser war 13 Jahre alt, als sie ihre Geburtsstadt verließ. Sie ist seither nie wieder nach Sankt Petersburg zurückgekehrt. »Eintracht und Friede war in den Menschen. Wo ist das alles geblieben?«

Altern ist Zukunft – die Zukunft des Alterns

Chancen und Herausforderungen

»The same procedure as last year?« Diese Frage von Butler James in »Dinner for One«, dem Fernsehsketch von 1963, der in vielen deutschen Haushalten den Silvesterabend humoristisch einläutet, dürfte den meisten geläufig sein. Weniger bekannt dagegen ist, dass der vollständige Titel der genialen Humoreske »Der 90. Geburtstag oder Dinner for One« lautet.

Deren Szenerie ist bezeichnend. Miss Sophie, eine zweifellos immer noch rüstige Dame, sitzt allein am großen Esstisch. Ihre männlichen Tischgenossen, von denen wir vermuten können, dass sie vergleichbaren Alters waren, sind längst von ihr gegangen. Wir lernen: Ein 90. Geburtstag ist selten, und hohes Alter ist eine weibliche Angelegenheit. Aber wäre der Titel des Sketches auch heute noch zutreffend? Säße Miss Sophie – mehr als 40 Jahre nach Entstehen des Originals – inzwischen nicht mehr allein am Tisch? Selbst wenn es bereits ihr 100. Geburtstag wäre?

Durchaus möglich: Miss Sophie im Kreise anderer munterer Greise. Knapp ein Jahrzehnt nach Beginn des 21. Jahrhunderts wissen wir alle, dass die Welt, und Deutschland mit ihr, sich in einem tief greifenden demografischen Wandel befindet. Die Bevölkerung altert, sie schrumpft nicht nur. Und sie wird heterogener. Die Vielfalt an Lebensentwürfen, gerade fürs Alter, nimmt zu. Das alles hat gesellschaftliche Folgen, wie sie umfassender kaum sein könnten; sie berühren, naheliegenderweise, Themen wie Gesundheit und Sozialversicherungssysteme, aber auch Fragen der Innovationsfähigkeit, des Wirtschaftswachstums und der Verteilungsgerechtigkeit – um nur einige wenige Stichworte zu nennen. Gründe, Chancen und Herausforderungen des demografischen Wandels: Man kann nicht intensiv genug darüber forschen und nachdenken. Im Zusammenhang dieses Buches freilich geht es vor allem um einen faszinierenden Aspekt des demografischen Wandels, um das hohe Alter – betrachtet unter demografischen, biogerontologischen und geriatrischen Gesichtspunkten.

Demografie … oder Warum kleine Mädchen 100 Jahre alt werden können

> »Alt sein ist ja ein herrliches Ding, wenn man nicht verlernt hat, was anfangen heißt.«
> Martin Buber (1878 – 1965)

In den entwickelten Ländern ist ein langes Leben nicht mehr das Privileg einiger weniger. Die erfolgreiche Reduktion der Sterblichkeit, die im 19. Jahrhundert einsetzte und bis heute ungebrochen anhält, versetzt vielmehr eine stetig wachsende Zahl von Menschen in die Lage, ein Alter zu erreichen, das noch vor nicht allzu langer Zeit als ungewöhnlich gegolten hätte.

Ein geradezu vehementer Trend: Lebten im Jahr 1995 knapp 4000 Menschen in Deutschland, die 100 Jahre oder älter waren, so waren es 2005 bereits fast 8300. Diese Altersgruppe hat sich also in einem Jahrzehnt mehr als verdoppelt. Umgerechnet ergibt das einen jährlichen Anstieg von fast acht Prozent. Und ein Abflachen des Zuwachses an Lebenserwartung, so sagen die Forscher vom Rostocker Zentrum zur Erforschung des demografischen Wandels, »ist nicht auszumachen«. Wenn sich die Entwicklung tatsächlich linear fortsetzt, dann würde zur Mitte unseres Jahrhunderts die durchschnittliche Lebenserwartung oberhalb von 100 Jahren liegen.

Dabei dominieren Frauen das hohe Alter. Auf einen Mann in dieser Altersgruppe kommen zur Zeit sieben bis acht Frauen. Bei männlichen Tischgenossen gleichen Alters hätte Miss Sophie also noch immer wenig Auswahl; sie bilden mit etwa 15 Prozent die Minderheit unter den Hundertjährigen.

Aber wie selten ist eigentlich ein 100. Geburtstag? Um das zu ermitteln, greifen wir exemplarisch einen Geburtsjahrgang heraus: die »Kohorte« von 1905, wie Demografen sagen – jenen Jahrgang also, dessen Überlebende im Laufe des Jahres 2005 ihren 100. Geburtstag gefeiert hätten.

Von den Frauen dieses Jahrgangs (wir haben gesehen, dass sie das Gros der Hundertjährigen ausmachen) im Gebiet der alten Bundesländer haben etwa ein Drittel noch ihren 80. Geburtstag feiern können und etwas über zehn Prozent sind 90 Jahre alt geworden; aber nur etwa ein halbes Prozent der Frauen konnte den 100. Geburtstag erleben. Eine von zehn hätte also im Schnitt im Jahr 1995 ihren 90. Geburtstag gefeiert (für den Jahrgang von 1873 liegt die Schätzung noch bei einer von 50).

Ein ganzes Jahrhundert lang präsent zu sein, das gelang in der Kohorte von 1905 allerdings wirklich nur wenigen. Um dieses Jubiläum zu begehen, müssen hundert einzelne Jahre überlebt werden. Da, wie gesagt, nur ein halbes Prozent des Jahrgangs 1905 dieses geschafft hat, können wir auch danach fragen, wann denn die restlichen 99,5 Prozent verstorben sind. Wann und auch: warum.

Zu Beginn des 20. Jahrhunderts lag die Kindersterblichkeit noch hoch. Vor diesem Hintergrund haben fast 20 Prozent der Mädchen aus der Kohorte von 1905 ihren zweiten Geburtstag nicht erlebt. (Zum Vergleich: Unter den gegenwärtigen Lebensbedingungen, bei Annahme der Sterberisiken des Jahres 2005, trifft das auf weniger als 0,4 Prozent zu!) Das gebärfähige Alter wird üblicherweise zwischen 15 und 50 Jahren angenommen. Von den circa 75 Prozent der Frauen des Jahrgangs 1905, die das Alter 15 erreicht haben, verstarben rund elf Prozent bis zum Alter 50. (Legen wir wiederum Mortalitätsverhältnisse des Jahres 2005 zugrunde, so ist die Sterbewahrscheinlichkeit für diesen Altersbereich auf etwa 2,2 Prozent zurückgegangen.) Schließlich: Das sogenannte Medianalter – jenes Alter, das die Hälfte eines Jahrgangs erreicht hat – beträgt für die Kohorte von 1905 rund 71 Jahre; und, wie schon erwähnt, erreichte ein Drittel das Alter 80.

Auch in diesem Segment lohnt sich der Vergleich mit den aktuellen Bedingungen. Unter Annahme des aktuellen Sterblichkeitsniveaus würden wahrscheinlich zwei Drittel das Alter von 80 Jahren erleben, das entsprechende Medianalter läge bei 85 Jahren. Wenn wir, was realistisch ist, davon ausgehen, dass auch weiterhin Erfolge bei der Reduktion der Sterblichkeit zu verzeichnen sein werden, dann werden heute geborene Mädchen ein noch weitaus höheres Medianalter erleben können. Aktuelle Prognosen gehen davon aus, dass es bei 100 Jahren liegen wird!

Nun war das 20. Jahrhundert, welches die Kohorte von 1905 durchlebt hat, gerade in Deutschland durch zahlreiche Katastrophen geprägt. Es hat aber auch radikale Verbesserungen in den Lebensbedingungen mit sich gebracht, die mit enormen Verringerungen der Sterblichkeit einhergingen, wie die angeführten Vergleiche gezeigt haben. Viele Maßnahmen haben zunächst gerade die Mortalität von Kindern und jungen Erwachsenen reduziert: Bessere Ernährung, Hygiene und Wohnverhältnisse, die effektive Bekämpfung von Infektionskrankheiten, aber auch Vorbeugung durch Impfungen, die Entwicklung von Antibiotika und anderer effektiver Medikamente haben viele junge Leben um viele Jahre verlängert. Zudem hatten vergleichsweise gute Bildungschancen für alle, verbesserte Arbeitssicherheit und ökonomischer Wohlstand wesentlichen Anteil daran.

Die Mitglieder der Kohorte von 1905 haben zudem von einer weiteren Entwicklung profitiert, die seinerzeit viele Wissenschaftler, die Demografen eingeschlossen, überrascht hat: Seit den sechziger Jahren des vorigen Jahrhunderts sinkt sogar die Sterblichkeit im Alter, das heißt im sechsten, siebten und achten Lebensjahrzehnt. Dies ist vor allem der immer erfolgreicheren Bekämpfung von chronischen Beschwerden wie Herz-Kreislauf-Erkrankungen oder Krebs geschuldet, die besonders im Alter virulent werden. Aus dieser Entwicklung haben die im Jahr 1905 Geborenen bereits ihren Nutzen gezogen.

Um das zu verdeutlichen, vergleichen wir sie diesmal mit einer älteren Kohorte: mit den Frauen, die zehn Jahre früher geboren wurden. Von den Angehörigen des Jahrgangs 1895 überlebten knapp ein Viertel die Dekade von 80 bis 90 – in der von uns betrachteten Kohorte von 1905 waren es bereits 31 Prozent. Dieser Anstieg entspricht einer Verringerung der Sterbewahrscheinlichkeit zwischen 80 und 90 von neun Prozent. Also: Der eingangs angeführte starke Zuwachs an Hundertjährigen ist zu einem großen Teil den höheren Überlebenschancen nach dem 80. Lebensjahr geschuldet.

Prägnant lässt sich diese Entwicklung in einer einzigen Kennzahl zusammenfassen, der durchschnittlichen Lebenserwartung. Hätte sich an den Lebensverhältnissen des Jahres 1905 nichts verändert, so hätten die Frauen dieses

Jahrgangs gerade einmal 50 Lebensjahre zu erwarten gehabt. Tatsächlich aber lebten sie im Schnitt fast 56 Jahre. Wenn sie das Glück hatten, bis zum Alter 20 zu überleben, dann lebten sie durchschnittlich sogar knapp 75 Jahre. Und hätten sie ihr ganzes Leben unter den Lebensbedingungen von 2005 verbringen können, so läge ihre Lebenserwartung sogar bei 82 Jahren – eine Steigerung von 32 Jahren im Verlauf eines Jahrhunderts!

Ein Blick in die Zukunft ist immer mit Unsicherheit verbunden; andererseits sind demografische Entwicklungen auch durch eine gewisse Trägheit gekennzeichnet, was sie zum einen kaum abwendbar, zum anderen aber leichter prognostizierbar macht. Legen wir zum Beispiel die aktuellen Sterbewahrscheinlichkeiten zugrunde, so würde Miss Sophie eine Chance von rund fünf Prozent haben, in zehn Jahren ihren 100. Geburtstag zu feiern. Und es gibt gute Gründe anzunehmen, dass auch in den kommenden Jahren die Überlebenschancen im Alter von 90 und darüber weiter ansteigen werden.

Dass eine solche Verbesserung selbst im hohen Alter möglich ist, zeigt die deutsche Wiedervereinigung. Die Sterbewahrscheinlichkeiten waren in der DDR vor dem Mauerfall deutlich höher als in der Bundesrepublik. Aber selbst in den Altersgruppen, die im Jahr 1990 bereits 80 Jahre oder älter waren, hat sich innerhalb von etwas mehr als einem Jahrzehnt die Mortalität an das niedrigere Niveau der alten Bundesländer angeglichen. Es ist also nie zu spät, um von Verbesserungen zu profitieren. Durch kleine, aber stetige Schritte wird der 100. Geburtstag immer wahrscheinlicher. Mehr als die Hälfte der Mädchen des Jahrgangs 2009 hat eine gute Chance, dieses Jubiläum zu begehen. Die jungen Damen brauchen sich nur an die Devise von Miss Sophies Butler zu halten: »Well, I'll do my very best!«

Biogerontologie … oder
Warum genetische Vielfalt die Dauer des Lebens mit entscheidet

»Um wirklich jung zu sein, braucht man eine sehr lange Zeit.«
Pablo Picasso (1881–1973)

Marie-Luise Hertzog hat bereits ihr Bestes gegeben. Obwohl sie weiß: »Das Altwerden liegt in unserer Familie«, ruht sie sich darauf nicht aus: »Ich fahre noch regelmäßig Fahrrad, achte auf gesunde Ernährung und tue etwas für meine grauen Zellen, indem ich täglich Kreuzworträtsel löse«; demnächst wird Frau Hertzog ihr 93. Lebensjahr vollenden.

Menschen wie sie stellen derzeit noch eine Ausnahme dar: hochbejahrte Personen jenseits der 90, die geistig und körperlich vital geblieben sind. Warum aber erreichen manche Menschen ein sehr hohes Alter (90 Jahre und älter) mit nur minimalen Einschränkungen, während andere frühzeitig und/oder sehr stark von altersbedingten Erkrankungen betroffen sind? Antworten auf diese Frage können helfen, dem langen und gesunden Leben auf die Spur zu kommen.

Noch immer liegt darüber ein Geheimnis. Die Prozesse des Alterns sind weder beim Menschen noch bei anderen, mitunter viel einfacher aufgebauten Organismen in allen Einzelheiten geklärt. Das ist die Chance der Biogerontologie. Sie erforscht die dem Altern zugrunde liegenden komplexen Mechanismen und molekularen Faktoren, um dadurch neue Ansatzpunkte für medizinische Interventionen zu finden.

Was ist »Altern« überhaupt? Altern ist eine natürliche Entwicklung, bei der es zum fortschreitenden und unumkehrbaren Verlust der physiologischen Funktionen eines Organismus kommt. Dieser Vorgang geht bei den meisten Spezies – auch beim Menschen – mit einer steigenden Krankheitsanfälligkeit und einem erhöhten Sterblichkeitsrisiko einher.

Doch auch wenn Altern ein stetig voranschreitender Prozess ist, bedeutet dieses nicht, dass es keinerlei Einflussmöglichkeiten gibt. Die meisten Menschen sind sich durchaus bewusst, dass ein langes Leben nicht mehr ausschließlich eine Frage des Schicksals ist, sondern dass vielfältige Faktoren zum Erhalt der Gesundheit im Alter beitragen können. Eines ist sicher: Umgebung und

Lebensweise bestimmen ganz wesentlich mit, wie wir altern. Ernährung, sportliche Betätigung, Bildungsniveau und medizinische Versorgung spielen dabei eine sehr wichtige Rolle.

Aber solche Umwelteinflüsse stellen nicht den einzigen Schlüssel zur Langlebigkeit dar. Rüstige Neunzig- oder Hundertjährige berichten oftmals, dass viele ihrer nahen Verwandten ebenfalls überdurchschnittlich alt geworden sind. Ihre anekdotischen Erzählungen werden durch neueste Erkenntnisse bestätigt: Die Häufung von Hochbejahrten in bestimmten Familien liegt vor allem in deren Genen begründet. Aufgrund von Zwillingsstudien schätzt man den genetischen Beitrag zur Langlebigkeit auf etwa 30 Prozent.

Was aber ist am Erbgut der Hochbejahrten so außergewöhnlich, dass sie andere Personen ihrer Generation um Jahrzehnte überlebt haben – und dies sogar oftmals bei guter Gesundheit und ohne schwerwiegende altersbedingte Erkrankungen? Ihr besonderer genetischer Vorteil wird hauptsächlich in bestimmten Varianten des Erbmoleküls Desoxyribonukleinsäure (DNA) vermutet. Hierbei handelt es sich um natürlich vorkommende Veränderungen im Buchstabencode der DNA, sogenannte genetische Polymorphismen, die von einer Generation auf die nächste vererbt werden können.

Nach aktuellem Kenntnisstand geht man davon aus, dass hochbetagte Menschen in ihrer DNA vor allem Genvarianten mit gesundheitsstärkenden Effekten tragen, die dem Alterungsprozess entgegenwirken und Gebrechen vorbeugen. Viele solcher genetischen Veränderungen, die allein jeweils nur einen schwachen Einfluss haben, müssen zusammenwirken, um ein langes, gesundes Leben fördern zu können.

Sie bilden ein Gegengewicht zu Polymorphismen, die zu typischen Alterserkrankungen wie Morbus Alzheimer, Arteriosklerose oder Infarkten führen, indem sie deren negative Wirkungen teilweise oder sogar ganz ausgleichen. Neben diesem Kompensationsmechanismus könnte auch noch die Abwesenheit der krankheitsverursachenden Varianten im Erbgut zum erfolgreichen Altern beitragen. Genetische Vielfalt ist folglich ein wichtiger Faktor, der über Krankheit und Gesundheit im Alter mit entscheidet – und damit nicht zuletzt über die Qualität und Dauer des Lebens.

Diese Erkenntnis, dass nämlich die Lebensspanne aller Organismen, auch die des Menschen, unter genetischem Einfluss steht, existiert erst seit wenigen Jahrzehnten. Die genetische Altersforschung nahm ihren Anfang in den USA, wo 1988 das erste Altersgen, treffend »age-1« genannt, im Fadenwurm *Caenorhabditis elegans* beschrieben wurde. Eine Mutation in diesem Gen bewirkte im Wurm eine Verdopplung der Lebensdauer. Aber anstatt großes Aufsehen zu erregen, wurde die Aussage zuerst mit ungläubiger Skepsis aufgenommen.

Es dauerte noch einige Jahre, bis weitere Entdeckungen den Befund untermauerten und damit dem Konzept, dass die Genetik eine maßgebliche Determinante der Lebensspanne ist, zum wissenschaftlichen Durchbruch verhalfen. Mittlerweile sind Hunderte von Genvarianten mit lebensverlängernden oder -verkürzenden Effekten in verschiedenen Laborlebewesen identifiziert worden; nicht nur im Fadenwurm, sondern ebenso in der Hefe, Fruchtfliege oder der Maus. Inzwischen konnte auch für die meisten der Gene ergründet werden, an welchen Stoffwechselprozessen sie beteiligt sind: Sie spielen bei elementaren Vorgängen wie Reparatur, Wachstum, Immunantwort oder Energiegewinnung eine sehr wichtige Rolle und stehen deshalb im Mittelpunkt der aktuellen biogerontologischen Forschung.

Vergleichende Studien haben gezeigt, dass Variationen in Genen, welche in einem bestimmten Organismus die Lebensspanne beeinflussen, auch in anderen Arten dieselbe Wirkung hervorrufen können. Diese Erkenntnis legt nahe, dass die Gene und die dazugehörigen molekularen Prozesse äußerst wichtig sind und daher in der Evolution nicht oder nur sehr wenig verändert wurden. Und tatsächlich gibt es für viele Gene auch Entsprechungen im Erbgut des Menschen. Doch leider können die Erkenntnisse aus dem Tierversuch nicht ohne Weiteres auf den viel komplexer aufgebauten Menschen übertragen werden. Immerhin geben sie Anhaltspunkte, wo die Forscher im Labyrinth der DNA-Buchstaben suchen können.

Aufgrund der Komplexität der zusammenwirkenden Mechanismen und durch das Zusammenspiel vieler verschiedener Genvarianten mit jeweils eher kleinen Effekten ist es schwierig, beim Menschen wichtige genetische Faktoren für Langlebigkeit auszumachen und diese Ergebnisse in unabhängigen Studien zu bestätigen. Deshalb sind auch erst zwei Gene bekannt, die in unterschiedlichen Bevölkerungsgruppen – und damit wahrscheinlich weltweit – für das Erreichen eines hohen Alters von Bedeutung sind: das Apo-

lipoprotein-E Gen (APOE), das im Cholesterinstoffwechsel und bei Entzündungsprozessen eine wichtige Rolle spielt; sowie das Forkhead Box O3A Gen (FOXO3A), welches an verschiedenen physiologischen Vorgängen beteiligt ist und unter anderem dafür sorgt, dass aggressive Sauerstoffmoleküle frühzeitig abgefangen werden, bevor sie größeren Schaden in der Zelle anrichten.
Diese Befunde zeigen: Langlebigkeit ist nicht nur auf das Fehlen von krankheitsverursachenden Genvarianten zurückzuführen, sondern beruht auch auf Erbfaktoren mit gesundheitsstärkenden Schutzeffekten. Sie lassen auf die Identifizierung weiterer altersrelevanter Gene hoffen.
Auch die »Forschungsgruppe Gesundes Altern« des Instituts für Klinische Molekularbiologie an der Christian-Albrechts-Universität in Kiel ist dem Geheimnis der Langlebigkeit auf der Spur. Die Basis für die dort durchgeführten umfangreichen genetischen Untersuchungen bildet die groß angelegte Biobank »popgen», in der rund 3000 DNA-Proben von hochbejahrten Personen (ab 90 Jahre) lagern. Damit steht dem Kieler Institut eine der weltweit größten Sammlungen dieser Art zur Verfügung. Rund 660 der Studienteilnehmer haben sogar schon ein Alter von 100 Jahren oder mehr erreicht.
Darüber hinaus kann die Forschungsgruppe auf modernste Methoden zurückgreifen, die bisher ungeahnt detaillierte Einblicke in das Erbgut erlauben: Unter Einsatz von Robotern und automatisierten Analysegeräten vergleichen die Wissenschaftler die DNA-Bausteine der Hochbejahrten mit denen von Jüngeren im Alter von 60 bis 75 Jahren. Dabei halten sie Ausschau nach genetischen Unterschieden zwischen den beiden Gruppen, in denen eventuell die Erklärung für das lange, gesunde Leben verborgen liegt.
Mit einem umfassenderen Verständnis des menschlichen Alterungsprozesses könnten neue Ansätze für die Behandlung von Krankheiten, die vornehmlich in einem fortgeschrittenen Lebensalter auftreten, entwickelt werden. Erkenntnisse über die zugrunde liegenden molekularen Ursachen würden es beispielsweise erlauben, körpereigene Reparaturprozesse gezielt zu aktivieren oder auch Risikofaktoren für bestimmte Krankheitsbilder auszuschalten. Die Biogerontologie kann helfen, ein Altern bei lang andauernder Gesundheit und guter Lebensqualität zu gewährleisten – und so einen wichtigen Beitrag leisten, um den Herausforderungen, die mit dem demografischen Wandel unserer Gesellschaft einhergehen, angemessen zu begegnen.

Geriatrie … oder Warum komplexe Krankheitsbilder ganzheitliche Therapien brauchen

»Ich hatte große Angst vor dem Altwerden. Heute kann ich nur eines sagen: Werden Sie alt – es lohnt sich!«
Heinz Rühmann (1902–1997)

Altern ist ein Prozess mit individueller Ausprägung und individueller Geschwindigkeit, der – wie wir gesehen haben – stets durch mehrere Faktoren, innere wie äußere, beeinflusst wird. Somit könnte Altern als ein Prozess verstanden werden, in dem die Minimierung von Verlusten und die Maximierung von Gewinnen angestrebt werden.

Zu »Verlusten« zählen zum Beispiel die Einschränkungen von Fähigkeiten, Verluste im sozialen Netz, begrenzte oder fehlende Perspektiven, der Verlust von Ansehen sowie natürlich Krankheiten. Zu den »Gewinnen« des Alterns zählen hingegen erfolgreiche Anpassung, neue Verhaltensmerkmale, soziokulturelle Fortschritte, die Nutzung technischer Fortschritte oder die Zunahme lebenspraktischer Intelligenz. Diese Verhaltensweisen lassen sich unter den Begriffen Selektion, Optimierung und Kompensation zusammenführen.

»Selektion« bezeichnet danach die Auswahl oder bewusste Begrenzung von Zielen und Verhaltensbereichen. Beispiele sind die Beschränkung auf ein Hobby; oder wenn unter »Wandern« nicht mehr alpine Klettertouren, sondern das Nordic Walking in der Ebene verstanden wird. Von einer bewusst entschiedenen Auswahl ist der komplette Rückzug im Alter (»disengagement»), der meist mit Einsamkeit und/oder Krankheit verbunden ist, zu unterscheiden.

»Optimierung« meint die – vorbeugende – Stärkung und Nutzung vorhandener Kompetenzen und Reserven. Beispiele sind vermehrtes Üben, um das langsamere Lernen einer Sprache auszugleichen oder Krafttraining gegen den Verlust von Muskulatur. Dieser Ansatz der Vorbeugung und Gesundheitsförderung im Alter ist für befriedigendes Altern bislang unterschätzt worden.

Und »Kompensation« schließlich zielt auf die Schaffung und Nutzung neuer Handlungsmittel, um Beeinträchtigungen auszugleichen oder entgegenzuwirken. Die Nutzung eines Gehstocks ist dafür ein einfaches Beispiel. Im Laufe des natürlichen Alterns entwickelt jeder für sich eine eigene Art und Weise, sich einerseits an eventuelle Einschränkungen anzupassen und andererseits neue Perspektiven zu entwickeln. Zum Beispiel im Ehrenamt, dem freiwilligen Engagement älterer Bürger nach Beendigung der eigenen Erwerbstätigkeit.

Die persönliche Einschätzung des eigenen Gesundheitszustandes spiegelt wider, inwieweit die Strategien der Selektion, Optimierung und Kompensation greifen. »Ich fühle mich gut und noch nicht alt. Ich komme gut zurecht und habe noch viel vor«: Das könnte die typische Aussage eines natürlich alternden Menschen auf die Frage nach seinem Befinden sein. Sobald ein älterer Mensch jedoch seinen allgemeinen Gesundheitszustand als »mäßig« oder »schlecht« angibt oder glaubt, den Alltag nicht länger bewältigen zu können, liegt meist ein deutlich beschleunigter, vorangeschrittener Alterungsprozess vor – mit Einbußen bei den alltäglichen Fähigkeiten infolge von Krankheit, eingeschränkter Lebensführung und/oder geistig-seelischer Probleme. Auch besteht dann eine hohe gesundheitliche Gefährdung, weil der Körper das innere Gleichgewicht wie die Zusammensetzung des Blutes, die körpereigene Abwehr oder die Vitalfunktionen (Atmung, Blutdruck, Blutfluss) nicht mehr stabil aufrechterhalten kann. Kleine, zusätzliche Störungen wie ein akuter Infekt, ein Sturz oder mangelnde Flüssigkeitsaufnahme sind Anzeichen für ein krankhaft beschleunigtes Geschehen und können sogar Anlass für eine Einweisung in ein Krankenhaus sein. Beides, den natürlichen wie den von Krankheit überschatteten Alterungsverlauf untersuchen Forscher vieler Fachrichtungen seit dem Jahr 2000 an über 3000 älteren Bürgerinnen und Bürgern aus Hamburg im Rahmen einer vom BMBF geförderten Langzeitstudie (LUCAS: Longitudinale Urbane Cohorten Alters-Studie). Besonderes Interesse gilt dabei der Gesundheitsförderung und Rehabilitation im Alter.

»Die Bedeutung einer speziellen Lehre der Krankheiten des alten Patienten wird heute, 1890, nicht mehr in Frage gestellt. Die senile Pathologie ist verbunden mit Schwierigkeiten, die nur mittels einer langen Erfahrung und eines gewaltigen Wissens mit seinen besonderen Merkmalen beherrscht werden kann.« *Professor Jean Martin Charcot, Neurologe und Psychiater* (1825–1893)

Patienten im höheren Lebensalter mit akuten und chronischen Krankheiten, der Multimorbidität, stehen im Mittelpunkt der Altersmedizin (Geriatrie). Bei der Behandlung solcher geriatrischer Patienten werden nicht nur die Beeinträchtigungen von Organfunktionen – etwa die abnehmende Filterfunktion der Nieren – oder Erkrankungen (z. B. Lungenentzündung) berücksichtigt, sondern auch Fähigkeitsstörungen infolge von Krankheiten. Ziel jeder Behandlung ist die Unterbrechung oder positive Beeinflussung zerstörerischer Krankheitsverläufe, durch die Lebensfähigkeit, Lebensqualität und die soziale Teilhabe älterer Menschen beeinträchtigt werden.

»Um [ältere und chronisch kranke] Patienten systematisch nach ihrer Mobilität, Kontinenz und ihrem geistigen Zustand einzuteilen, benötigen wir ein Team, dessen zentrale Aufgabe es ist, Optimismus und Hoffnung zu verbreiten.« *Dr. Marjorie Warren, »Mutter« der Geriatrie* (1825–1893)

Um Patienten mit komplexen Erkrankungsbildern erfolgreich behandeln zu können, nutzt die Geriatrie ein interdisziplinäres Team von Fachkräften, das gemeinsam mit dem Patienten und seinen Angehörigen arbeitet. Zunächst werden Organfunktionen, körperliche Fähigkeiten und Reserven, die geistige und seelische Belastbarkeit sowie das familiäre Umfeld und die Lebenswelt meist in Form kurzer Tests oder Befragungen erfasst und zueinander in Beziehung gesetzt. Danach legt man die individuellen Behandlungsziele fest, um schließlich einen abgestuften Behandlungsplan zu entwickeln. Diesen Vorgang bezeichnet man als umfassendes geriatrisches Assessment.

Hinter Beschwerden wie Schmerzen, Stürzen, Mangelernährung oder kognitivem Abbau im Alter können sich sehr verschiedene Ursachen und Wechselwirkungen verbergen. Solche komplexen Problemsituationen alter Menschen lassen sich nur strukturiert und im interdisziplinären Ansatz erschließen. Dabei ist die positive Verbesserungsfähigkeit sehr alter Menschen unter professioneller, interdisziplinärer geriatrischer Behandlung ganz erstaunlich. Selbst schwer betroffene Patienten, die etwa durch einen Schlaganfall eine Körperhälfte nicht mehr kontrollieren können, gewinnen unter gezielter geriatrischer Rehabilitation oftmals zumindest einen Teil ihrer Beweglichkeit und Selbstständigkeit im Alltag zurück.

Im Vordergrund steht die gemeinsame Ausrichtung der Behandlung an den individuell erreichbaren und wünschenswerten Zielen. Diese persönlichen Lebensperspektiven können, abhängig von der Ausgangssituation, sehr unterschiedlich sein. Für den vormals rüstigen Rentner zum Beispiel steht das Wieder-Gehen-Lernen und damit das Ausführen seines geliebten Hundes im Mittelpunkt. Eine ältere Dame hingegen leidet unter der Beeinträchtigung ihrer Feinmotorik und möchte wieder selbstständig Handarbeitskurse anleiten können.

Die in der klinischen Geriatrie eingesetzten Assessment-Verfahren erfassen nicht nur die Defizite und Krankheitsfolgen der Patienten, sondern auch vorhandene Ressourcen und Potenziale. Es spricht vieles für die Entwicklung spezieller präventiver Assessment-Verfahren auf der Basis altersmedizinischer Instrumentarien und Konzepte.

Regelmäßige körperliche Aktivität, gesunde Ernährungsgewohnheiten und die aktive soziale Teilhabe an der Umwelt stehen in Wechselwirkung zueinander und können auch im höheren Alter viele Risikofaktoren positiv beeinflussen. Durch solche mehrdimensionalen Maßnahmen der Gesundheitsförderung und Prävention lassen sich auch im Alter bestehende Reserven ausbauen, verloren gegangene Fähigkeiten wiedererlangen oder psychosoziale Benachteiligungen aufgrund körperlicher Einschränkungen verhindern. Der ganzheitliche Ansatz respektiert zudem die individuelle Persönlichkeit des alten Menschen.

»Das ist der größte Fehler bei der Behandlung von Krankheiten, dass es Ärzte für den Körper und Ärzte für die Seele gibt, wo beides doch nicht getrennt werden kann.« *Platon* (427–347 v. Chr.)

Doch wie immer der biologischen Unfertigkeit des Menschen mit den Methoden und Instrumentarien der klinischen Geriatrie aufgeholfen werden kann, welche lebensverlängernden Faktoren auch immer die Molekularbiologen in den DNA-Bausteinen noch entdecken werden und was auch immer nach den Recherchen der Demografieforscher den kontinuierlichen Anstieg der Lebenserwartung begründen mag – die Entdeckung eines »Jungbrunnens», einer sicheren Rezeptur für ewige Jugend oder auch nur beschwerdefreies, sozusagen jugendliches Alter steht noch lange nicht bevor.

Bis dahin wird es darum gehen zu begreifen, welche umfassenden Veränderungen der Boom der Alten mit sich bringt. Es wird darum gehen, Altersforschung und Altersmedizin interdisziplinär wesentlich stärker auszubauen als

bisher. Es wird darum gehen, das Wirtschaftspotenzial, das alte Menschen als kreative Produzenten wie als kritische Konsumenten darstellen, zu aktivieren. Und nicht zuletzt wird es darum gehen, den Erfahrungen, der Weisheit und der Würde des Alters – gegenüber einer absurderweise immer noch jugendfixierten Gesellschaft – zu ihrem Recht zu verhelfen.
Für die Darstellerin der »Miss Sophie« übrigens wäre das kein Problem gewesen. Die englische Schauspielerin May Warden ist ein gutes Beispiel für ein aktiv gestaltetes, erfülltes Alter. Obgleich das Showgeschäft seit Kindesbeinen ihr zweites Zuhause war, hatte sie erst mit 71 Jahren ihren ersten Fernseheauftritt – in »Dinner for One« bei dem legendären Showmaster Peter Frankenfeld; 16 Jahre später starb sie hochbetagt in London. Beinahe also hätte May Warden den 90. Geburtstag ihrer »Miss Sophie« noch erreicht.
Ob 71, 87 oder gar 90 Jahre – vor den Beschwernissen des Alters ist allerdings niemand gefeit. Dazu gehören mit an erster Stelle die Einschränkungen der eigenen Mobilität. Schauen wir uns zum Schluss in einer fiktiven Fallstudie an, was das konkret bedeutet.

Teamarbeit von Spezialisten ... oder Wie man sich aus der Mobilitätsfalle befreien kann

»Keine Kunst ist's alt zu werden; es ist Kunst, es zu ertragen.«
Johann Wolfgang von Goethe (1749–1832)

Frau H. mag nicht mehr so recht in letzter Zeit. »Das ist eben das Alter«, sagen die Kinder und nehmen ihr die schweren Hausarbeiten ab. Die Einkäufe werden künftig einmal wöchentlich geliefert. Frau H. geht nun selten außer Haus – sie hält sich zunehmend für unsicher auf den Beinen, und die zwei Treppen zu ihrer Wohnung hinaufzusteigen, das fällt ihr immer schwerer. Sie fühlt sich einsam, der Appetit lässt nach. Auch verträgt sie Fleisch und fette Speisen nicht mehr so gut. Weil der Hausarzt eine Herzschwäche festgestellt hat, nimmt Frau H. jeden Morgen »die kleine weiße Tablette fürs Herz«.

An einem warmen, schwülen Donnerstag fühlt sich Frau H. ganz duselig im Kopf und meidet jeden Schritt. Auf dem notwendigen Weg zur Toilette bleibt ihr Fuß an dem Läufer im Flur hängen, der dort schon seit 20 Jahren liegt. Frau H. stürzt hart auf die Seite und kommt aus eigener Kraft nicht mehr hoch. Erst am Abend findet sie die Tochter, die nach der Arbeit kurz vorbeischauen wollte.

Frau H. wird in ein Krankenhaus gebracht. Chirurgen und Radiologen können glücklicherweise einen Knochenbruch ausschließen. Am liebsten möchte Frau H. gleich wieder in ihre trauten vier Wände zurück, doch der zuständige Arzt sagt: »Mit einem Sturz im Alter ist nicht zu spaßen!« und überweist Frau H. in die Geriatrische Abteilung. Dort wird die Patientin am nächsten Tag nicht nur mit dem EKG, dem Röntgenapparat und dem Ultraschallgerät untersucht, es sagen sich auch die unterschiedlichsten Spezialisten an: Physiotherapeuten, Ergotherapeuten und Neuropsychologen. Sie alle stellen Fragen und prüfen mit kleinen Tests, welche alltäglichen Tätigkeiten Frau H. noch eigenständig und sicher bewältigen kann.

Danach ergibt sich folgendes Bild: Der natürliche Alterungsprozess hat sich bei Frau H. krankhaft beschleunigt. Infolge der Herzschwäche und Schmerzen in den Gelenken und dank der (Über-)Fürsorge ihrer Kinder hatte sich Frau H. in ihrem Alltag immer weniger bewegt. Die Folge war: Ihre Muskeln haben Masse und Kraft verloren, und die Gelenke sind weniger beweglich geworden. Dadurch kann Frau H. in kritischen Situationen schlecht das Gleichgewicht halten oder sich abfangen. Wiederholte Stürze mit der Gefahr schwerer Verletzungen sind wahrscheinlich. Außerdem trinkt Frau H. zu wenig, ist flüssigkeitsverarmt und kann sich schlecht konzentrieren. Weil sie sich so wenig bewegte, hat sie wenig Energie verbraucht und seltener gegessen, dadurch aber zu wenig Nährstoffe aufgenommen.

Tags darauf stellt sich ihr »Bezugspfleger« vor. Er erklärt: »Ich bin jetzt jeden Morgen für Sie zuständig. Gemeinsam werden wir schauen, dass Sie wieder so viele alltägliche Tätigkeiten wie möglich selbst übernehmen. Zur Sicherheit begleite ich Sie anfangs ins Bad.« Frau H. bekommt einen eigenen Behandlungsplan. Damit sie nicht wieder vergisst zu trinken, hängt ein Trinkfahrplan immer in Sichtweite. Mahlzeiten mit vielen Nährstoffen – vor allem Eiweiß für den Muskelaufbau, Vitamine und Mineralstoffe – werden

mehrmals täglich gebracht. Weil zwischendurch immer Bewegungstherapien wie Gangschulung, Krafttraining oder Treppensteigen zu bewältigen sind, gewinnt Frau H. ihren Appetit zurück.
Dabei hat geholfen, dass ihr Arzt eine Reizung der Magenschleimhaut erkannt und behandelt hat. Auch gegen die Schmerzen wird nun etwas getan, aber mit Mitteln, die den empfindlichen Magen nicht reizen. Zu Hause hatte Frau H. nämlich einfach zu frei verkäuflichen Schmerzmitteln gegriffen, die für sie ungeeignet waren. Nach einiger Zeit fallen die anstrengenden Übungen leichter. Sogar dem Herz geht es besser, weil es durch eine bessere Durchblutung von Armen und Beinen entlastet wird.
Nach drei Wochen wird Frau H. entlassen. Vorher gab es Gespräche mit ihr, dem Sozialdienst des Krankenhauses und ihren Angehörigen. Nun steht fest: Die schweren Einkäufe werden weiterhin angeliefert, aber die Brötchen, Milch und Obst kauft Frau H. sich jeden Tag frisch. Sie besucht einen Seniorentreff; beim Kaffeetrinken hat sie neue Kontakte geknüpft und kann durch ihre wiedergewonnene Mobilität auch an Ausflügen in die Nähe und an Theaterbesuchen teilnehmen. Immer dabei: eine kleine Flasche Wasser.
Besonders freut sie sich, dass ihre Tochter ihr zum 85. Geburtstag nicht schon wieder »Baldrian-Essenz« mitgebracht hat, sondern einen Gutschein für den gemeinsamen Besuch einer »Funktionellen Seniorengymnastik 60plus«. Denn »Vorbeugen ist besser als Heilen«, da sind sich alle einig. Zu Hause trägt Frau Hinfällig (die wir jetzt gar nicht mehr so nennen wollen) einen kleinen Sender am Handgelenk, mit dem sie Kontakt zu einer Notrufzentrale aufnehmen kann. Falls doch einmal etwas passiert.

Gesammelt und überarbeitet von Michael Radtke

Mitwirkende an diesem Buch

Herausgeber: *Prof. Stefan Schreiber* ist Wissenschaftler und Internist an der Medizinischen Fakultät der Christian-Albrechts-Universität zu Kiel. Im Jahr 2000 initiierte er neben der systematischen genetischen Altersforschung auch die Einrichtung der größten nationalen Biobank »popgen«. Mit dem DFG Exzellenzcluster »Entzündungen an Grenzflächen«, einen auf Entzündungserkrankungen spezialisierten Forschungsverbund, koordiniert er die Identifizierung genetischer Ursachen chronischer Erkrankungen.
Porträtaufnahmen: *Andreas Labes*, geboren 1965 im Erzgebirge, aufgewachsen an der Oder, erlernte verschiedene Berufe, ist seit 1990 Fotograf, stolzer Vater zweier Töchter, lebt in Berlin.
Porträttexte und Kurzbiografien: *Martin Pallgen* studierte Geografie und Ethnologie. Er lebt in Berlin und arbeitet als Fernseh- und Hörfunkjournalist für den Rundfunk Berlin-Brandenburg.
Vorwort: *Giovanni di Lorenzo* ist Chefredakteur der Wochenzeitung »Die Zeit« und Mitherausgeber der Berliner Tageszeitung »Der Tagesspiegel«.

Zu den Autoren des Textes »Die Zukunft des Alterns«

Dr. Ing. Jutta Gampe ist Demografin. Sie ist am Max-Planck-Institut für Demografische Forschung in Rostock im Arbeitsbereich von Prof. James Vaupel tätig. Neben der Evolutionären Biodemografie ist sie besonders an statistischen Erhebungen im Bereich des Themas Altern und des Phänomens der Langlebigkeit interessiert.

Dr. Almut Nebel arbeitet mit Prof. Dr. med. Stefan Schreiber am Institut für Klinische Molekularbiologie der Christian-Albrechts-Universität zu Kiel und der Klinik für Innere Medizin I des Universitätsklinikums Schleswig-Holstein, Campus Kiel. Die Gruppe ist interessiert an den genetischen Grundlagen für ein gesundes langes Leben des Menschen und trägt diese Erkenntnisse in die Patientenversorgung mit dem Ziel, den Alterungsvorgang in den Mittelpunkt der Medizin zu stellen.

Dr. med. Jennifer Anders, Dr. rer. nat. Ulrike Dapp und *Prof. Dr. med. Wolfgang von Renteln-Kruse* arbeiten als geriatrisch-gerontologisches Team am Albertinen-Haus, einem wissenschaftlichen Zentrum für Geriatrie und Gerontologie der Universität Hamburg. Neben der Erforschung des normalen beziehungsweise des krankhaften Alterns liegt der wissenschaftliche Schwerpunkt ihrer Arbeit auf der Entwicklung innovativer Methoden mit dem Ziel, alten Menschen präventiv und hochalten Patienten akut zu helfen und langfristig gute Rehabilitationserfolge zu erzielen.

Michael Radtke ist freier Journalist. Er hat sich publizistisch schon zuvor intensiv mit dem Thema »Altern« beschäftigt. Die Vielschichtigkeit der Forschung interessiert ihn. Er sammelte und überarbeitete die Essays aus den drei ineinandergreifenden Arbeitsfeldern um das Thema Altern.

Sonja Børm ist Sozialwissenschaftlerin. Sie ist bei der Biobank »popgen« am Institut für Experimentelle Medizin der Christian-Albrechts-Universität zu Kiel tätig. Durch das Forschungsprojekt »Gesundes Altern« entdeckte sie ihr Interesse an hochbejahrten Menschen, ihren Lebenswegen sowie dem interdisziplinären Charakter des Themas Langlebigkeit.

Altersforschung im Internet – Interessante Links

Das Internet ist in den letzten Jahren auch zur Altersforschung eine wichtige Informationsquelle geworden. Im Nachfolgenden die Websites, der an diesem Buch Beteiligten und einige ausgewählte zum Thema.

Andreas Labes: www.andreas-labes.de
Forschungsgruppe »Gesundes Altern« am Institut für Klinische Molekularbiologie, Christian-Albrechts-Universität zu Kiel:
www.forschungsgruppe-gesundes-altern.de;
www.ikmb.uni-kiel.de und www.1med.uni-kiel.de.
Medizinisch-geriatische Forschungsabteilung am Albertinen-Haus, Zentrum für Geriatrie und Gerontologie, wissenschaftliche Einrichtung an der Universität Hamburg:
www.geriatrie-forschung.de und www.albertinen.de
Max-Planck-Institut für Demografische Forschung, Rostock:
www.demogr.mpg.de
Leibniz-Institut für Altersforschung, Fritz-Lipmann-Institut e.V. Jena:
www.fli-leibniz.de
Deutsche Gesellschaft für Gerontologie und Geriatrie:
www.dggg-online.de
Genetics of Healthy Aging: www.geha.unibo.de
Centre d'Étude du Polyphormisme Humain (CEPH): www.cephb.fr
Nationales Genomforschungsnetz Bonn: www.ngfn.de

Dank

Wir danken den vielen freiwilligen Teilnehmern an den Forschungsvorhaben, denen wir mit diesem Fotoband ein Denkmal setzen wollen. Leider sind einige der Porträtierten vor Erscheinen verstorben. Ohne deren Wohlwollen und Engagement wäre dieses Buch nie entstanden.

FSC
Mix
Produktgruppe aus vorbildlich
bewirtschafteten Wäldern,
kontrollierten Herkünften und
Recyclingholz oder -fasern

Zert.-Nr. GFA-COC-001575
www.fsc.org
© 1996 Forest Stewardship Council

Verlagsgruppe Random House FSC-DEU-0100
Das für dieses Buch verwendete FSC-zertifizierte Papier
Galaxi Supermat, hergestellt von M-Real, liefert Papier Union.

Projektkoordination: Sonja Børm
Textkorrektur: Edna Hütten
Scans, technische Beratung: Marcus Will, Dieter Herrmann
Wir danken Robert Jarmatz und seinem Team für ihre Unterstützung.
Pixel Grain

2. Auflage

Layoutentwurf: Alex Labes
Layout und Satz: Boer Verlagsservice, Grafrath
Gesetzt aus der Celeste
Lithografie: Helio Repro, München
Druck und Bindung: Offizin Andersen Nexö Leipzig
Printed in Germany
ISBN 978-3-421-04469-3

www.dva.de